财务管理与会计实践创新探究

刘逸凡　余起漪　高天洁云 ◎著

中国书籍出版社
China Book Press

图书在版编目（CIP）数据

财务管理与会计实践创新探究 / 刘逸凡, 余起漪, 高天洁云著. -- 北京：中国书籍出版社, 2024. 11.
ISBN 978-7-5241-0019-5

Ⅰ. F275；F230

中国国家版本馆 CIP 数据核字第 20246GM891 号

财务管理与会计实践创新探究

刘逸凡　余起漪　高天洁云　著

图书策划	邹　浩
责任编辑	毕　磊
责任印制	孙马飞　马　芝
封面设计	博健时代
出版发行	中国书籍出版社
地　　址	北京市丰台区三路居路 97 号（邮编：100073）
电　　话	（010）52257143（总编室）　（010）52257140（发行部）
电子邮箱	eo@chinabp.com.cn
经　　销	全国新华书店
印　　厂	廊坊市博林印务有限公司
开　　本	710毫米×1000毫米　1/16
印　　张	13.5
字　　数	242千字
版　　次	2025 年 4 月第 1 版
印　　次	2025 年 4 月第 1 次印刷
书　　号	ISBN 978-7-5241-0019-5
定　　价	78.00元

版权所有　翻印必究

前　言

近年来，我国市场经济迅猛发展，各行各业要想在激烈的市场竞争中实现高质量发展，就需要在推进财务会计理论研究的同时，不断加大其向管理会计实践的应用力度。开展各项工作均要适应新形势的变化，其工作内容与种类也随之大幅度增加，自身运营管理工作日渐重要，管理会计作为工作的核心环节，强化管理会计势在必行。

财务管理是研究如何通过计划、决策、控制、考核、监督等管理活动对资金运动进行管理，以提高资金效益的一门经营管理学科，不仅涉及资本如何筹集，投放、运用与分配，而且涉及如何处理各种财务关系。在我国经济不断提升、国家大力提倡创新型发展的背景下，财务管理与会计工作也应当紧跟时代、与时俱进地不断推陈出新。

本书是关于财务管理与会计实践创新探究的书籍，深入剖析了现代财务管理与会计实践的创新路径。本书首先对会计基础理论进行了概述，阐释了财务处理程序的重要性。随后，书中详细讨论了预算管理，包括部门预算编制与预算绩效管理，为读者提供了预算编制与评估的实用知识。接着聚焦于财政收入与支出，深入分析了财政资金的来源与使用。其次分别探讨了事业单位的财政管理、税收管理以及内部控制，涵盖了财政管理基础、信息管理、风险预警以及税务管理等多个方面内容，为事业单位的财务管理提供了全面指导。最后着眼于新时代背景下会计信息化的创新，探讨了大数据、物联网、云计算等环境下的会计信息化发展，展望了会计信息化的未来趋势。本研究以严谨的学术态度，旨在为财务管理与会计实践的创新提供了理论支持与实践指导。

本书的编写，汇集了众多学者和实践者的研究成果与经验智慧，力求在理论与实践之间架起桥梁，为读者提供全面、深入的洞见。由于时间与精力有限，书中难免存在很多不足之处，恳请各位专家和读者，能够提出宝贵意见，以便进一步改正，使之更加完善。

目 录

| 第一章 | 财务会计概述 .... 1 |

    第一节   会计基础理论 1

    第二节   财务处理程序 13

| 第二章 | 预算管理 .... 28 |

    第一节   部门预算编制 28

    第二节   预算绩效管理 37

| 第三章 | 财政收入与支出 .... 51 |

    第一节   财政收入 51

    第二节   财政支出 72

| 第四章 | 成本控制与风险管理 .... 82 |

    第一节   成本控制理论与实践 82

    第二节   风险识别与评估 87

    第三节   风险应对策略与措施 90

第五章　内部审计与财务管理 … 107

　　第一节　内部审计的基本概念与流程 … 107
　　第二节　内部审计在企业财务管理中的作用 … 118
　　第三节　财务管理结构与机制优化 … 128
　　第四节　内部审计与财务管理的协同效应分析 … 139

第六章　财务分析与决策支持 … 146

　　第一节　财务分析基础理论 … 146
　　第二节　财务报表分析 … 157
　　第三节　财务比率分析 … 166

第七章　会计信息化的创新发展 … 174

　　第一节　会计信息化发展理论基础 … 174
　　第二节　大数据环境下的会计信息化发展 … 181
　　第三节　物联网环境下的会计信息化发展 … 190
　　第四节　云计算环境下的会计信息化发展 … 199

参考文献 … 206

第一章 财务会计概述

第一节 会计基础理论

一、会计基本假设概述

(一) 会计基本假设

1. 会计主体

会计主体是会计理论中的一个基本概念,其定义为会计信息的记录和报告所针对的具体组织或实体。会计主体的确定对于会计信息的使用者来说具有重要意义,因为它决定了哪些经济活动和财务状况将被纳入会计报表中,从而影响决策的准确性和有效性。会计主体的范围可以是一个企业、一个部门、一个项目或其他经济活动单元,其选择需要根据实际情况进行具体分析和判断,以确保会计信息的真实性和完整性。

会计主体的确定不仅需要考虑法律和行政上的要求,还需要结合经济现实和管理需求。对于一个集团公司而言,其会计主体可以是整个集团,也可以是各个子公司,具体选择应根据管理层的决策和会计信息使用者的需求来决定。无论选择何种会计主体,其财务报表都应能够准确反映其经济活动和财务状况,以便为投资者、债权人、管理层和其他利益相关者提供可靠的财务信息支持。

会计主体的范围确定后,其经济活动的界限也随之明确。所有属于会计主体范围内的经济活动都应纳入会计核算和报告,而不属于会计主体范围的经济活动则应排除在外。这种划分有助于保持会计信息的一致性和可比性,从而提高财务报表的可用性和可信性。在多会计主体情况下,还需要通过合并报表来反映各会计主体之间的经济关系和整体财务状况,以便提供更全面和准确的财务信息。

2. 持续经营假设

持续经营假设是会计核算和财务报告的一个基本前提，其核心思想是企业在可预见的未来将继续正常经营下去，不会面临清算或破产的风险。该假设为会计处理提供了一个稳定的基础，使得企业能够按照既定的会计政策和方法进行财务核算和报告，从而保证财务信息的连续性和可比性。持续经营假设的应用使得企业能够将其资产和负债按照历史成本或公允价值进行计量，而不是在清算基础上进行重新评估。

持续经营假设的前提是企业具备持续经营的能力，考虑多方面的因素，包括企业的财务状况、经营环境、市场前景、管理层的战略规划等。如果存在影响企业持续经营能力的重大不确定性，例如严重的财务困难、市场环境的剧变、法律或政策的重大变化等，则企业需要在财务报表中进行充分披露，并调整会计政策以反映这种不确定性。企业考虑资产减值、负债重组等事项，以确保财务报表能够真实反映其财务状况和经营成果。

持续经营假设不仅是会计核算的基础，也是财务管理和决策的重要前提。企业在进行长期投资、融资和经营决策时，通常会假设其经营活动能够持续进行，以此为基础进行规划和评估。持续经营假设的合理性和有效性对于企业的战略制定和执行具有重要意义。管理层需要定期评估企业的持续经营能力，并在财务报表中充分披露相关信息，以便利益相关者能够全面了解企业的经营状况和未来前景。

持续经营假设的应用还需要结合具体行业和企业的特点。对于高科技企业来说，技术创新和市场需求的变化可能对其持续经营能力产生重大影响；而对于传统制造业企业，则需要更多关注市场竞争和成本控制等因素。企业在应用持续经营假设时，应结合自身的实际情况进行具体分析和判断，并在财务报表中充分披露相关信息，以便为利益相关者提供准确和可靠的财务信息支持。

3. 会计分期假设

会计分期假设是会计核算和财务报告的一项基本原则，其核心在于将企业的持续经营活动划分为若干个相对短暂且可比的会计期间。这一假设的应用使得企业能够在每个会计期间结束时，定期编制财务报表，提供关于企业经营成果和财务状况的及时信息，从而满足管理层、投资者、债权人及其他利益相关者的决策需求。会计分期假设要求企业在确定会计期间时，考虑其经营周期、行业特点和外部报告需求，以确保会计期间的合理性和连续性。

会计分期假设的主要目标在于将企业的经营活动划分为若干个相对独立的会计期间，使得各个会计期间的经营成果和财务状况可以相互比较，从而提供有助于决策的信息。每个会计期间结束时，企业需要对期间内的收入、费用、利润等经济事项进行确认和计量，编制财务报表，报告企业的财务状况、经营成果和现金流量。会计期间通常为一个自然年或一个季度，但也可以根据企业的实际需要进行调整。

会计分期假设的应用在会计核算中具有重要意义，其一能够使企业的财务信息更加及时和连续，便于管理层进行经营决策和业绩评价。其二有助于实现不同会计期间之间的可比性，提高财务报表的使用价值。其三通过定期编制财务报表，可以增强企业的财务透明度和信息披露质量，提高利益相关者的信任度和满意度。

会计分期假设的应用需要遵循一定的原则和方法，企业需要在每个会计期间结束时，进行收入和费用的确认和计量，确保财务报表能够真实反映期间内的经营成果和财务状况。同时，企业还需要考虑会计期间之间的衔接和过渡，避免由于期间划分不合理或会计处理不当而导致的财务信息失真或误导。

4. 货币计量

货币计量是会计核算中的一项基本原则，指的是企业在记录和报告其经济活动和财务状况时，以货币作为统一的计量单位。货币计量的应用使得企业能够将各种不同类型的经济事项以货币金额表示，从而便于记录、分类、汇总和报告，提供易于理解和比较的财务信息。这一原则的应用基于一个假设，即货币的购买力在短期内保持相对稳定，不会因通货膨胀或通货紧缩等因素而发生显著变化。

货币计量的主要目标在于为会计信息的计量和报告提供一个统一的标准，使得企业能够以货币金额为基础，进行经济事项的确认、计量和报告，通过货币计量，企业能够将其资产、负债、收入、费用等经济事项以货币金额表示，从而实现财务报表的综合反映和信息披露。这一原则的应用有助于提高会计信息的可比性和可理解性，便于财务报表使用者进行分析和决策。

货币计量的应用需要遵循一定的原则和方法，企业需要选择适当的货币单位作为计量标准，并根据会计准则和制度的要求，对经济事项进行确认和计量。同时，企业还需要考虑货币计量过程中可能存在的货币时间价值、通货膨胀等因素，对相关经济事项进行合理的调整和处理，以确保财务报表能够真实反映企业的财务状况和经营成果。

二、会计方法及信息

（一）会计方法

会计方法是指从事会计工作所使用的各种技术方法，包括会计核算方法、会计分析方法和会计检查方法。其中会计核算方法是会计方法中最基本的方法。

会计核算方法是对会计对象进行连续、系统、全面综合地反映和监督的业务技术方法，它偏重于对已经发生的经济业务进行确认、计量、记录、计算、分类和报告。包括设置账户、复式记账、填制和审核会计凭证、登记账簿、成本计算和编制会计报表。

1. 设置账户

会计账户的设置是会计核算的重要基础，目的是为企业的各类经济业务提供系统、详细的分类记录，通过设置账户，能够使各类经济事项得以分类核算和汇总，进而反映企业的财务状况和经营成果。会计账户的设置包括账户名称、账户编号及其结构等内容，并且应当符合会计准则并满足企业实际需要。合理设置账户，有助于提高会计信息的准确性和可比性，便于财务报表的编制和分析。

2. 复式记账

复式记账是一种全面、系统的会计记录方法，每一项经济业务都要同时在两个或两个以上的相关账户中进行登记，确保总金额相等。其核心原则是"借贷记账法"，即每一项经济业务的发生，都有对应的借方和贷方记录，这样可以确保会计数据的平衡和完整。复式记账方法提高了会计信息的准确性和可靠性，能够全面反映企业的经济活动和财务状况，是现代会计核算的基础方法之一。

3. 填制和审核会计凭证

会计凭证是记录经济业务、确认会计事项的书面证明文件，其填制和审核是会计核算的重要环节。每一项经济业务的发生都必须有相应的会计凭证作为依据，凭证的内容包括业务发生的日期、金额、经办人等详细信息。填制会计凭证应当及时、准确，并按照规定的格式和程序进行。审核会计凭证的目的是确保凭证的合法性、真实性和完整性，防止舞弊和错误。只有经过审核无误的会计凭证，才能作为登记账簿的依据。

4. 登记账簿

登记账簿是会计核算的重要环节，是将会计凭证中的经济业务事项系统、连续地记录到各类会计账簿中。账簿种类繁多，主要包括日记账、总分类账和明细分类账等。登记账簿的要求是及时、准确、完整，并按照规定的账簿格式和核算程序进行。账簿记录应当清晰、整洁，书写规范，保证账簿的法律效力和会计信息的真实性。账簿的登记还需要定期进行核对和结账，以确保账簿记录的正确性和一致性。

5. 成本计算

成本计算是会计核算中的重要内容，旨在确定企业生产经营过程中所耗用的各种资源的实际成本。成本计算的方法多种多样，主要包括分批法、分步法和标准成本法等。不同企业可以根据其生产经营的特点和管理要求，选择适合的成本计算方法。成本计算的准确性直接影响到企业的财务报表和经营决策，因此需要严格按照会计准则和企业的内部管理规定进行。成本计算的结果不仅用于财务报告，还为企业的成本控制和经营管理提供重要依据。

6. 编制会计报表

编制会计报表是会计核算的最终环节，是对企业财务状况、经营成果和现金流量的综合反映。会计报表主要包括资产负债表、利润表和现金流量表等，其编制应当符合会计准则和相关法规的要求。会计报表的编制过程需要综合考虑企业的各类经济事项和会计数据，确保信息的准确性、完整性和及时性。会计报表不仅是企业对外报告的重要工具，也是管理层进行财务分析和经营决策的重要依据。会计报表的编制需要经过严格的审核和审计，以确保其合法性和公信力。

（二）会计信息

会计信息有狭义与广义之分，狭义的会计信息是指某一会计主体所提供的财务状况、经营成果和现金流量等方面的信息。这类会计信息是由会计人员通过编制有关会计报表，如资产负债表、利润表和现金流量表等对外提供的会计信息。广义的会计信息除上述信息外，还包括处于加工整理过程中的会计信息，如在会计记录环节生成的、呈现于会计凭证和会计账簿等载体中的信息等。

会计信息质量要求是财务会计理论的构成内容之一，也是会计准则应予规范的重点内容。但在各国的会计准则中，会计信息质量要求的内容多寡及排列顺序等都有所不同，会计信息质量要求按以下顺序排列为：可靠性、相关性、可理解性和及时性。

1. 可靠性

可靠性是指会计信息的真实性和准确性，要求会计信息能够客观、公正地反映企业的经济活动和财务状况。可靠性的实现需要会计人员遵循会计准则和相关法规，采用合理的会计方法和程序，确保所提供的信息经过充分的验证和审查。高可靠性的会计信息能够增强财务报表使用者的信任感，使其能够依赖这些信息进行经济决策。会计信息的可靠性不仅涉及数据的准确性，还包括信息的完整性和公正性，确保不存在虚假、夸大或隐瞒的现象。

可靠性还依赖于企业内部控制制度的健全性和有效性，良好的内部控制制度可以防范和减少错误和舞弊的发生，提高会计信息的真实性和准确性。外部审计也是确保会计信息可靠性的重要手段，独立的审计机构对企业财务报表进行审查，提供客观的审计意见，从而进一步提升会计信息的可靠性。

2. 相关性

相关性是指会计信息能够对财务报表使用者的经济决策产生影响，帮助其评估过去、现在和未来的经济状况。相关性的实现需要会计信息具有预测价值和确认价值，能够提供关于企业未来经济活动的有用信息，并验证或纠正过去的预测。高相关性的会计信息可以提高决策的准确性和有效性，使利益相关者能够更好地把握企业的经济状况和发展趋势。

相关性的另一个重要方面是信息的具体性和适用性，会计信息应当与企业的实际情况相符，能够反映其经营环境和管理需求，从而满足不同财务报表使用者的特定需求。投资者可能关注企业的盈利能力和增长潜力，债权人则更加关心企业的偿债能力和财务稳定性。会计信息的相关性还要求信息的披露及时、充分，使财务报表使用者能够在合适的时间获得所需的信息进行决策。

3. 可理解性

可理解性是指财务报表使用者能够正确理解和解释所提供的信息，从而有效地运用于决策过程。可理解性的实现需要会计信息在编制和披露时使用明确、简明的语言和表述，避免专业术语和复杂的技术细节。高可理解性的会计信息能够使非专业的财务报表使用者也能准确理解企业的财务状况和经营成果，提高信息的透明度和公信力。

可理解性还依赖于信息的结构化和系统化，合理的报表格式和清晰的分类能够帮助财务报表使用者快速找到所需的信息，并理解各项数据之间的关系。会计信息的可理解性还需要考虑财务报表使用者的知识背景和理解能力，提供必要的解释和注释，帮助其更好地理解和运用会计信息。

4. 及时性

及时性是指会计信息在适当的时间内提供给财务报表使用者，使其能够在信息仍具有决策价值时使用。及时性的实现需要会计信息的编制和披露过程高效、快捷，避免因信息滞后影响决策的准确性和有效性。高及时性的会计信息能够帮助企业管理层和外部利益相关者迅速了解企业的经济状况，及时做出调整和决策，进而增强企业的应变能力和市场竞争力。

会计信息的及时性还依赖于信息技术的应用和数据处理能力的提高，现代信息技术的发展使得会计信息的采集、处理和传输更加高效和快捷，为提高信息的及时性提供技术保障。企业可以利用财务软件和管理系统，实现实时的会计信息处理和报表生成，提高信息的实时性和准确性。会计信息的及时性还要求企业建立健全的信息披露制度，明确信息披露的时间和频率，确保财务报表使用者能够及时获取最新的会计信息进行决策。

三、会计要素

（一）资产的组成内容

资产是企业拥有或控制的、能够带来经济利益的资源，按其流动性可分为流动资产和非流动资产两类。

1. 流动资产

（1）对营业周期的理解

营业周期是指企业从购入商品、接受劳务开始，经过生产、销售，直到收回现金或变现为止所经历的时间。营业周期的长短直接影响流动资产的管理和周转速度，通常以一年为基准。对于流动性较高的企业，如零售业，营业周期较短；而对于制造业或重工业，营业周期较长。流动资产在企业营业周期内不断周转，是企业日常运营中必不可少的部分，流动资产的管理和优化能够提高企业的资金利用效率，降低运营风险，确保企业的正常经营和发展。

（2）流动资产的构成内容

流动资产主要包括货币资金、交易性金融资产、应收账款、存货、预付账款、其他应收款等，这些资产通常在一年内或超过一年的一个营业周期内变现或耗用。货币资金是企业最具流动性的资产，包括现金、银行存款及其他可以随时用于支付的款项。交易性金融资产是企业为短期内赚取差价而持有的金融资产，如股票、债券等。应收账款是企业因销售商品或提供劳务而应向客户收取的款项，反映了企业的信用销售状况。存货包括企业在生产过程中持有的原材料、在产品和产成品等，存货的管理直接关系企业的生产成本和销售利润。预付账款是企业在收到货物或劳务之前预先支付的款项，其他应收款则包括企业因各种原因应收取的款项，如职工借款、保证金等。

2. 非流动资产

非流动资产是指企业拥有或控制的、不能在一年内或超过一年的一个营业周期内变现或耗用的资产，主要包括固定资产、无形资产、长期股权投资、递延所得税资产等。固定资产是企业为生产商品、提供劳务、出租或经营管理而持有的、使用期限超过一年的有形资产，如土地、厂房、机器设备等。固定资产的管理和维护是企业正常运营的重要保障，也是企业长期资产的重要组成部分。无形资产是企业拥有或控制的、没有实物形态的可辨认非货币性资产，如专利权、商标权、著作权等，无形资产的开发和利用能够为企业带来长期的经济利益。长期股权投资是企业持有的为获取长期收益或控制被投资单位而进行的股权投资，通常包括对子公司的投资、合营企业的投资和联营企业的投资。递延所得税资产是企业因可抵扣暂时性差异，在未来期间内能够减少应纳税所得额的部分，如未弥补亏损和税收优惠等。

非流动资产的管理和利用对于企业的长期发展和战略规划具有重要意义，固定资产的更新和维护需要合理地规划和投入，确保其能够持续为企业带来经济利益。无形资产的保护和利用需要法律和管理手段的支持，最大化其市场价值。长期股权投资的选择和管理需要企业对市场和投资对象的深入研究和分析，以实现投资回报最大化。递延所得税资产的确认和利用需要企业对税法和会计准则的准确理解和应用，确保财务报表的真实和公允。

（二）负债的组成内容

负债是企业在过去的交易或事项中所承担的现时义务，并预期会导致经济资源的流出。负债按其流动性可分为流动负债和非流动负债两类。

1. 流动负债

流动负债是指将在一年内或超过一年的一个营业周期内偿还的负债，通常包括应付账款、短期借款、应付职工薪酬、应交税费、其他应付款等。应付账款是企业因购买商品或接受劳务而应付的款项，反映了企业的短期支付义务。短期借款是企业为满足短期资金需求而借入的款项，通常具有较高的流动性和较短的偿还期限。应付职工薪酬是企业应支付给职工的工资、奖金及各种福利费用，这部分负债需要及时支付，确保企业的正常运营和员工的满意度。应交税费是企业依法应缴纳的各类税款和费用，包括增值税、所得税、营业税等，这部分负债反映了企业的纳税义务和财政负担。其他应付款是企业因各种原因应付的其他款项，如保证金、押金、预收款等，体现了企业的短期偿债能力和资金流动状况。

流动负债的管理对于企业的资金流动性和短期偿债能力具有重要意义，合理安排流动负债的结构和期限，可以有效降低企业的财务风险，提高资金使用效率。企业在管理流动负债时，应当关注短期借款的合理使用和偿还计划，确保应付账款的及时结算，合理预估和安排应付职工薪酬和应交税费，避免因流动负债管理不当而导致的财务困境。

2. 非流动负债

非流动负债是指企业将在一年以上或超过一年的一个营业周期内偿还的负债，包括长期借款、应付债券、长期应付款、递延所得税负债等。长期借款是企业为满足长期资金需求而借入的款项,通常具有较长的偿还期限和较低的利率。应付债券是企业为筹集长期资金而发行的债务工具,债券持有人有权在规定期限内要求企业支付利息和偿还本金。长期应付款是企业因购买固定资产、无形资产或接受长期劳务而应付的款项,反映了企业的长期支付义务和资产购置情况。递延所得税负债是企业因应纳税所得与会计利润的时间性差异而产生的负债,通常在未来期间内偿还。

非流动负债的管理对于企业的长期财务稳定和资本结构优化具有重要意义,合理安排非流动负债的结构和期限,可以有效提高企业的长期偿债能力,降低财务风险。企业在管理非流动负债时,应当关注长期借款的合理使用和偿还计划,确保应付债券的及时兑付,合理安排长期应付款和递延所得税负债的支付计划,避免因非流动负债管理不当而影响企业的长期发展和财务健康。

(三)所有者权益的组成内容

所有者权益是指企业所有者在企业资产中享有的剩余权益,包括实收资本、资本公积、盈余公积和未分配利润等部分。

实收资本是所有者投入企业的资本金,是企业所有者权益的重要组成部分,反映了所有者对企业的初始投资和后续追加投资。资本公积是企业在资本交易过程中产生的资本溢价或捐赠等形成的权益,通常包括股票溢价、接受捐赠资产等。盈余公积是企业按照法律、法规和公司章程的规定,从税后利润中提取的积累部分,主要用于弥补亏损、扩大生产经营和支付股利等。未分配利润是企业在分配股利和提取盈余公积后,保留在企业内部继续经营使用的利润,是企业内部积累的重要来源。

所有者权益的变化反映了企业经营成果的累积和所有者权益的增减,管理层需要对所有者权益的各个组成部分进行科学管理,以确保企业财务结构的稳定和健康发展。

(四)收入的组成内容

收入是指企业在日常经营活动中因销售商品、提供劳务等取得的经济利益流入,主要包括主营业务收入、其他业务收入和营业外收入等部分。

主营业务收入是企业在日常经营活动中因销售商品、提供劳务等取得的收入，是企业收入的主要来源；其他业务收入是企业在主营业务之外的其他经营活动中取得的收入，如出租固定资产、销售废品等；营业外收入是企业在非日常经营活动中取得的收入，如政府补助、罚款收入等，这类收入通常具有偶发性和不确定性。

收入的确认和计量是会计核算中的重要环节，企业需要按照会计准则和相关法规的要求，合理确认和计量各类收入，确保收入信息的真实性和准确性。收入的管理和控制对于企业的财务健康和经营效益具有重要意义，合理管理和控制收入，能够提高企业的盈利能力和市场竞争力，为企业的可持续发展提供有力支持。收入的变化直接影响企业的经营成果和财务状况，管理层需要对收入的各个组成部分进行全面分析和科学管理，确保企业的收入能够稳定增长和健康发展。

（五）费用的组成内容

费用是指企业在日常经营活动中为取得收入而发生的经济利益的流出，主要包括销售费用、管理费用和财务费用等部分。

1. 销售费用

销售费用是指企业在销售商品和提供劳务过程中发生的各项费用，这些费用包括广告费、运输费、展览费、销售人员薪酬和差旅费等。广告费是企业为宣传产品和服务而支付的费用，旨在提高市场知名度和销售额。运输费是企业将商品运送到客户手中所发生的费用，涉及运输工具、燃料和物流管理等方面的支出。展览费是企业参加各种展览会和交易会时支付的费用，用于展示产品、拓展市场和寻找客户。销售人员的薪酬和差旅费是企业为激励销售人员、促进销售活动而支付的报酬和出差费用，这些支出直接影响销售团队的工作积极性和销售业绩。销售费用的合理控制对于企业的盈利能力和市场竞争力具有重要意义，企业应当通过优化销售策略和费用管理，提高销售费用的使用效率。

2. 管理费用

管理费用是指企业为组织和管理生产经营活动而发生的各项费用，这些费用包括行政管理人员的薪酬、办公费、差旅费、折旧费和修理费等。行政管理人员的薪酬是企业为维持日常管理活动而支付的工资、奖金及其他报酬，是管理费用的主要组成部分。办公费是企业在日常管理过程中发生的各项办公支出，如办公用品、办公设备维护和文具等。差旅费是企业管理人员因公务出差而发生的费用，涉及交通、住宿和伙食等各方面的支出。折旧费是企业对固定资产在使用过程中逐渐损耗而进行的费用摊销，反映了固定资产的价值减少情况。修理费是企业为维持固定资产的正常使用而进行的维修保养费用，这些支出直接影响固定资产的使用寿命和工作效率。管理费用的有效控制对于企业的运营效率和成本管理具有重要影响，企业应当通过精细化管理和成本控制，降低管理费用，提升经营效益。

3. 财务费用

财务费用是指企业在筹集资金过程中发生的各项费用，这些费用包括借款利息、汇兑损益、银行手续费和相关费用等。借款利息是企业为使用借入资金而支付的利息费用，是财务费用的主要组成部分，直接影响企业的融资成本和利润水平。汇兑损益是企业因外币交易而产生的汇率波动导致的损益，反映了外汇市场波动对企业财务状况的影响。银行手续费是企业在使用银行服务过程中支付的各项费用，如账户管理费、转账费和贷款手续费等，这些支出直接影响企业的日常资金管理和运营成本。财务费用的有效控制对于企业的财务健康和资金利用效率具有重要意义，企业应当通过优化融资结构和合理安排资金使用，降低财务费用，提高资金使用效率。

（六）利润的组成内容

利润是企业在一定会计期间内的经营成果，反映了企业的盈利能力和财务状况，主要包括营业利润、利润总额和净利润等部分。

营业利润是企业主营业务活动所产生的利润，是企业日常经营活动的直接反映。营业利润的计算方法是营业收入减去营业成本和营业费用，其中营业成本包括生产成本和采购成本，营业费用包括销售费用和管理费用。营业利润能够反映企业主营业务的盈利能力和经营效率，是评价企业经营状况的重要指标。提高营业利润需要企业优化生产经营流程，降低成本，提高销售收入，增强市场竞争力。

利润总额是企业在营业利润基础上，加上其他业务收入和营业外收入，减去营业外支出后的利润。其他业务收入是企业在主营业务之外的经营活动产生的收入，如出租固定资产和提供技术服务等。营业外收入是企业在非日常经营活动中取得的收入，如政府补助、罚款收入等。营业外支出是企业在非日常经营活动中发生的费用，如捐赠支出和罚款支出等。利润总额能够全面反映企业的总体盈利状况，是衡量企业财务绩效的重要指标。

净利润是企业在利润总额基础上，减去所得税费用后的利润，是企业最终实现的可供分配的利润。所得税费用是企业按照税法规定应缴纳的税款，是企业的法定义务和财务支出。净利润直接关系企业的盈利能力和分配决策，是投资者和管理层关注的核心财务指标。提高净利润需要企业加强成本控制，优化收入结构，合理进行纳税筹划，提高整体盈利能力。

第二节 财务处理程序

一、概述

（一）会计处理组织程序的种类

会计处理组织程序主要包括原始凭证的取得与审核、会计凭证的填制与审核、账簿的设置与登记、财务报表的编制与报送等环节。原始凭证的取得与审核是指企业在经济活动发生后，收集和审核相关的原始单据和凭证，确保其合法性和真实性。会计凭证的填制与审核是根据原始凭证编制会计凭证，并进行审核，确保会计记录的准确性和完整性。账簿的设置与登记是将会计凭证记录的经济业务事项系统地登记到各类账簿中，以便进行核算和管理。财务报表的编制与报送是根据账簿记录编制企业的财务报表，并按规定向有关部门和利益相关者报送，提供全面的财务信息。各类会计处理组织程序在企业财务管理中发挥着重要作用，确保会计信息的准确性、完整性和及时性。

（二）各种会计处理组织程序的主要区别

各种会计处理组织程序的区别主要体现在记账凭证种类的选用、账簿格式的选用与登记方式的选择，以及会计报表格式的选择使用等方面。

1. 使用的记账凭证不同

记账凭证包括专用记账凭证、通用记账凭证、汇总记账凭证和科目汇总表等，这些种类的记账凭证不能全部采用，只能根据会计处理组织程序选择使用其中的一两种。一般而言，专用记账凭证与通用记账凭证不能在一种会计处理组织程序中并用；通用记账凭证和汇总记账凭证不能在一种会计处理组织程序中并用。专用记账凭证和汇总记账凭证（或科目汇总表）可以在一个单位中同时使用；通用记账凭证和科目汇总表可以在一个单位中同时使用。

2. 账簿的组织系统不同

账簿的组织系统包括用以记录交易或事项的序时账簿（日记账）和分类账簿（总分类账、明细分类账），各种账簿的格式是不同的。在借贷记账法下设置的以上账簿中，序时账、总分类账和一部分明细账的格式均为借、贷、余三栏式，而其他明细账的格式还有数量金额式和多栏式等。这是由账户对各种交易或事项的不同记录要求决定的。一般而言，借、贷、余三栏式的序时账、总分类账和部分明细账必须设置，另两种格式的明细账可根据记录交易或事项的需要选择使用。

3. 登记总分类账户的方式不同

分类账户包括总分类账户和明细分类账户两大类（从一定意义上讲，序时账也是一种明细账）。其中明细账要求根据专用（或通用）记账凭证逐笔登记（序时账是逐日逐笔登记），而总分类账的登记要求是：既可逐笔登记，也可采用汇总登记的方法。汇总登记又可分为根据科目汇总表的汇总数字登记及根据汇总记账凭证的汇总数字登记两种。总分类账户登记的不同方式体现了各种会计处理组织程序的显著特点，也是区分各种会计处理组织程序的主要标志。

二、账务处理程序的要求

（一）处理程序

填制会计凭证、登记账簿和编制会计报表是会计信息系统中信息输入、信加工处理和信息输出的三个重要阶段，也是进行会计核算的三个基本环节。各单位具体的账务处理程序虽有差异，但基本程序都是一致的，即：证—账—表。如果将会计凭证再分解为原始凭证（也称原始单据）和记账凭证，则各单位的基本账务处理程序如图 1-1 所示。

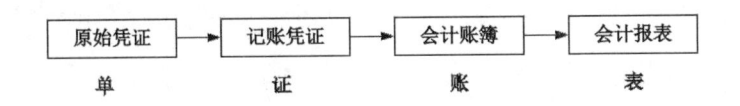

原始凭证 → 记账凭证 → 会计账簿 → 会计报表
单　　　　证　　　　账　　　　表

图 1-1　基本账务处理程序

账务处理程序是会计核算中的核心环节，涉及原始凭证的填制、记账凭证的编制、会计账簿的登记以及会计报表的编制等多个步骤。原始凭证是记录经济业务最初发生情况的书面证明，填制原始凭证时必须做到内容完整、数据准确、手续齐全，确保每一笔经济业务都有据可查。记账凭证是依据原始凭证编制的进一步记录文件，要求根据不同业务类型进行分类，保证账目清晰，便于后续查阅和核对。会计账簿是企业对各种经济业务进行系统记录的主要工具，包括总账、明细账、日记账等，其登记过程要求严格遵守会计准则和制度，做到内容真实、数据准确、登记及时。会计报表是会计核算的最终成果，综合反映企业的财务状况、经营成果和现金流量，编制过程中必须遵循统一的格式和规范，确保信息的完整性、准确性和可比性。

每一个环节都应当严格遵守财务制度和会计准则，确保账务处理的规范性和准确性。原始凭证的填制应当详细记录业务发生的时间、地点、内容及相关人员签字确认，保证其法律效力和真实性。记账凭证的编制需要根据原始凭证的内容，按照会计科目进行正确分类和记录，保证每一笔经济业务的账目清晰明确。会计账簿的登记过程中，需要注意账目的连续性和系统性，确保账簿记录能够全面、准确地反映企业的经济活动。会计报表的编制则需要汇总各类会计信息，按照规定的格式和内容进行编制，确保报表能够真实、全面地反映企业的财务状况和经营成果。

科学合理的账务处理程序能够有效提升企业的财务管理水平，增强企业的市场竞争力和可持续发展能力。企业在执行账务处理程序时，应当充分考虑实际业务的复杂性和多样性，灵活运用各种会计工具和方法，确保账务处理的高效性和准确性，通过不断优化和完善账务处理程序，企业能够提高会计信息的质量，提升财务管理的科学性，为企业的长远发展奠定坚实基础。规范的账务处理程序不仅有助于企业内部的财务控制和风险管理，还能为外部审计和监管提供有力支持，确保企业的财务报告符合相关法律法规和会计准则的要求。

合理适用的账务处理程序应符合以下要求。

1. 满足需要

必须满足经济管理的需要。要符合会计信息使用者的要求，正确、全面、及时地提供本单位经营活动的会计核算资料。还要适合本单位生产经营的特点，与其生产规模和业务量相适应，并有利于会计机构内部的分工协作和岗位责任制的贯彻执行。

2. 合理简化

在保证会计核算指标满足经营管理的需要前提下，合理简化会计核算手续，节约核算工作的人力、物力和财力，提高会计工作效率。

（二）选择账务处理程序的基本要求

选择账务处理程序时，需要确保程序的合理性、适用性和有效性，以保证会计信息的准确性和完整性。企业应根据自身规模、业务特点和管理需求，选择适合的账务处理程序，确保能够满足内部控制和财务管理的需要。

账务处理程序的选择必须符合国家相关法律法规和会计准则的规定，确保会计信息的合法性和合规性。企业还需要考虑账务处理程序的可操作性，选择简便易行、易于操作的程序，以提高会计工作的效率和质量。

合理的账务处理程序应当能够及时、准确地反映企业的经济活动和财务状况，提供真实、完整的会计信息。选择账务处理程序时，还需考虑信息技术的应用，充分利用现代信息技术手段，提高会计信息的处理速度和准确性，确保会计信息的及时性和可靠性。选择合适的账务处理程序，有助于企业提高会计工作效率，降低财务风险，增强财务管理的科学性和规范性，为企业的健康发展提供坚实的基础。

三、记账凭证账务处理程序

（一）特点和账证设置

记账凭证账务处理程序是以记账凭证为中心进行的账务处理方法，其特点是每一笔经济业务都必须制作相应的记账凭证。记账凭证包括原始凭证和记账凭证，前者是业务发生的初始记录，后者则是根据原始凭证编制的会计记录文件。这种处理程序要求会计人员严格按照规定填制和审核记账凭证，确保业务内容的真实、准确和完整。记账凭证账务处理程序通过详细记录每一笔经济业务，确保账目清晰，便于查阅和核对，具有高度的系统性和规范性。

记账凭证的设置通常包括：日期、凭证编号、摘要、科目名称、借方金额、贷方金额等基本要素，每一项内容都必须详细、准确地填写。记账凭证的审核则要求会计人员对凭证的真实性、合法性和完整性进行严格检查，确保每一笔业务的账务处理符合会计准则和相关法规的要求。会计账簿的设置应与记账凭证相对应，包括总账、明细账、日记账等，各类账簿的登记必须严格按照记账凭证的内容进行，确保账簿记录的系统性和一致性。

（二）一般程序

记账凭证账务处理程序的一般步骤包括以下几个环节：经济业务发生后，首先根据原始凭证填制记账凭证，详细记录业务内容和金额；然后对记账凭证进行审核，确保其真实性、合法性和完整性；审核无误后，根据记账凭证的内容进行账簿登记，将每一笔业务分别登记并记入相应的总账和明细账；每月末和年末，进行账簿结账和对账，确保账账相符、账实相符；根据账簿记录编制财务报表，综合反映企业的财务状况和经营成果。

记账凭证账务处理程序强调每一笔经济业务的详细记录和严格审核，通过系统、规范的账务处理，确保会计信息的准确性和完整性。企业在实施记账凭证账务处理程序时，应建立健全的内部控制制度，加强会计人员的专业培训，确保每一环节的操作符合会计准则和相关法规的要求，确保会计信息的真实性和可靠性。

四、科目汇总表账务处理程序

（一）科目汇总表账务处理程序的一般步骤

科目汇总表账务处理程序是以科目汇总表为核心进行的账务处理方法，其一般步骤包括：首先根据原始凭证编制记账凭证，然后将记账凭证登记并记入各明细账；月末时，根据各明细账的记录，编制科目汇总表，将各科目本月发生额和累计发生额进行汇总；根据科目汇总表的内容，将汇总数据登记入总账，确保总账数据与明细账数据的一致性；依据总账数据编制财务报表，全面反映企业的财务状况和经营成果。

（二）科目汇总表与其编制方法

1. 科目汇总表的含义

科目汇总表是将企业各会计科目的发生额和累计发生额进行汇总整理的会计表格，主要用于反映企业在一定期间内各科目的总发生情况。科目汇总表通过将各明细账的数据汇总到总账科目中，确保总账数据的准确性和完整性，为财务报表的编制提供基础数据。科目汇总表的编制是科目汇总表账务处理程序中的关键环节，其准确性直接影响到总账数据和财务报表的质量。

2. 科目汇总表的编制方法

编制科目汇总表的过程包括以下几个步骤：根据各明细账的记录，将每个科目的发生额和累计发生额分别列示在科目汇总表的相应栏目中；进行科目汇总表的汇总计算，确保各科目发生额和累计发生额的正确性和一致性；对科目汇总表的内容进行审核，确保汇总数据的准确性和完整性；根据审核无误的科目汇总表，将汇总数据登记入总账，确保总账数据的系统性和条理性。

五、汇总记账凭证财务处理程序

（一）汇总记账凭证核算组织程序设置的凭证和账簿

1. 记账凭证的设置

汇总记账凭证是将若干记账凭证进行汇总后编制的综合凭证，目的是简化会计核算工作，提高记账效率。在汇总记账凭证核算组织程序中，记账凭证通常分为三类：收款凭证、付款凭证和转账凭证。每类记账凭证均需详细记录业务发生的日期、凭证编号、业务摘要、会计科目、金额及相关经办人员签字。各类记账凭证的设置应遵循会计准则和企业内部控制制度，确保每一笔经济业务的记录准确、合法。

收款凭证是记录企业收到款项的凭证，通常包括现金收款凭证和银行收款凭证。付款凭证是记录企业支付款项的凭证，通常包括现金付款凭证和银行付款凭证。转账凭证是记录企业内部转账业务的凭证，用于反映不同会计科目之间的资金转移。所有记账凭证的设置应当标准化和规范化，以便于后续的汇总和审核工作。

2. 账簿的设置

汇总记账凭证核算组织程序中的账簿设置需要与记账凭证的分类相对应，确保会计信息的系统性和条理性。账簿主要包括总账和明细账两类，总账是根据汇总记账凭证的内容进行登记的，反映企业整体财务状况。明细账是根据具体记账凭证的内容进行登记的，提供各个会计科目的详细记录。

总账的设置要求按会计科目分类，每一科目下的记录应包括日期、凭证编号、摘要、借方金额、贷方金额和余额。明细账的设置应更加详细，每一会计科目的明细账都应包括所有相关的经济业务记录。账簿的设置和登记应遵循会计准则和企业内部控制制度，确保账簿记录的真实性和完整性。

（二）汇总记账凭证的编制方法

1. 汇总收款凭证的编制方法

汇总收款凭证的编制方法是将一定期间内的所有收款凭证汇总后编制一张综

合性的收款凭证,简化记账工作。编制时需要首先将所有现金收款凭证和银行收款凭证按日期顺序排列,逐一汇总每一类收款业务的金额。然后将汇总后的总金额登记入账并作为汇总收款凭证,且分别列示各会计科目和金额。汇总收款凭证编制完成后,应进行审核和签字确认,确保汇总数据的准确性和完整性。

2. 汇总付款凭证的编制方法

汇总付款凭证的编制方法是将一定期间内的所有付款凭证汇总后编制一张综合性的付款凭证,提高记账效率。编制时需要首先将所有现金付款凭证和银行付款凭证按日期顺序排列,逐一汇总每一类付款业务的金额。然后将汇总后的总金额登记入汇总付款凭证,分别列示各会计科目和金额。汇总付款凭证编制完成后,应进行审核和签字确认,确保汇总数据的准确性和完整性。

3. 汇总转账凭证的编制方法

汇总转账凭证的编制方法是将一定期间内的所有转账凭证汇总后编制一张综合性的转账凭证,便于管理和核算。编制时需要首先将所有转账凭证按日期顺序排列,逐一汇总每一类转账业务的金额。然后将汇总后的总金额登记入汇总转账凭证,分别列示各会计科目和金额。汇总转账凭证编制完成后,应进行审核和签字确认,确保汇总数据的准确性和完整性。

(三)汇总记账凭证核算组织程序的优缺点和适用范围

汇总记账凭证核算组织程序具有简化账务处理流程、提高工作效率的优点。通过将大量零散的记账凭证进行汇总,可以减少记账的工作量和复杂性,降低会计人员的工作强度。汇总记账凭证的使用还能够提高账簿记录的条理性和系统性,便于会计信息的查阅和分析。

汇总记账凭证核算组织程序的缺点是可能会增加凭证汇总过程中的错误风险,若汇总过程不够严谨,会导致会计信息的不准确。汇总记账凭证的使用需要企业具备较强的内部控制和审核能力,否则可能影响会计信息的真实性和可靠性。

汇总记账凭证核算组织程序适用于业务量较大、经济业务频繁的企业,特别是制造业、批发零售业等行业。此类企业经济业务种类繁多、发生频率高,通过使用汇总记账凭证可以显著提高账务处理效率。对于业务量较小或经济业务种类较单一的企业，可能不适合采用汇总记账凭证核算组织程序，以免增加不必要的复杂性。

六、财产清查

（一）财产清查的概念

财产清查是指企业或其他经济组织对其所拥有的全部资产、负债及所有者权益进行全面的核对和盘点。财产清查的目的是确保账实相符，及时发现和处理账实不符的情况，保证财务信息的真实性和完整性。财产清查不仅涵盖有形资产的盘点，如库存商品、固定资产等，还包括无形资产、负债及所有者权益的核对。财产清查的过程需要严格按照相关法规和会计准则进行，确保每一项财产的核对和盘点结果真实、准确、可靠。

（二）财产清查的重要意义

财产清查在企业管理和财务控制中具有重要意义，财产清查能够确保账实相符，提高财务信息的真实性和可靠性，为企业管理决策提供可靠的依据；财产清查有助于发现和防范资产流失和财务舞弊，增强企业内部控制，降低经营风险；财产清查能够及时发现和处理积压、损坏和过期的资产，优化资产配置，提高资产利用效率；财产清查还可以为企业的财务报表审计和税务检查提供依据，确保财务报告的公正性和合法性，通过定期开展财产清查，企业能够全面掌握资产状况和财务状况，及时调整经营策略和财务计划，促进企业的健康发展。

（三）财产清查的一般程序

财产清查的程序包括准备阶段、实施阶段和处理阶段三个主要环节。

准备阶段是指在财产清查之前所进行的一系列准备工作，包括制订清查计划、成立清查小组、培训清查人员、准备清查工具和资料等。清查计划应明确清查的范围、时间、方法和步骤，并确定清查小组的成员和职责；清查小组应由财务人员、内部审计人员及相关业务部门的人员组成，确保清查工作的全面性和公正性；清查人员应熟悉清查流程和方法，掌握清查工具的使用，确保清查工作的顺利进行。

实施阶段是财产清查的核心环节，包括盘点和核对两个主要步骤。盘点是指对企业所有资产的实物进行清点和登记，确保每一项资产都有详细的记录；核对是指将盘点结果与账面记录进行对比，发现和处理账实不符的情况。盘点工作应按照清查计划的要求进行，确保每一项资产都被清点和登记；核对工作应详细记录每一项账实不符的情况，分析其原因，并提出相应的处理建议。

处理阶段是指在盘点和核对工作完成后，处理账实不符情况和编制清查报告。对于盘点中发现的账实不符情况，企业应进行详细分析，找出原因并采取相应措施进行处理。对于盘盈的资产，应查明原因并及时入账；对于盘亏的资产，应分析其原因，并根据实际情况进行相应的账务处理。清查报告应包括清查的范围、时间、方法、结果及处理情况，并由清查小组成员签字确认。

财产清查的顺利实施离不开各部门的协作和配合，财务部门应负责组织和协调清查工作，提供清查所需的财务资料和工具；业务部门应配合财务部门进行实物盘点和核对，确保每一项资产都被清点和登记；审计部门应对清查工作进行监督和指导，确保清查结果的真实性和可靠性；企业管理层应高度重视财产清查工作，给予必要的支持和保障，确保清查工作顺利进行。

财产清查是一项系统性和综合性的工作，涉及企业的各个方面和各个层级。企业应通过建立健全的财产清查制度，明确各部门和各岗位的职责和权限，确保清查工作的规范性和有效性，通过定期开展财产清查，企业能够全面掌握资产状况和财务状况，及时发现和处理存在的问题，提高资产管理水平和财务控制能力，促进企业的健康发展和长期稳定。

清查过程中，应特别关注库存商品、固定资产、应收账款、应付账款等关键资产和负债项目，确保这些项目的账实相符。库存商品的清查应包括数量、质量、价值等方面的核对，及时处理积压、损坏和过期的商品；固定资产的清查应包括实物状态、使用情况、价值变动等方面的核对，及时处理报废、转让和重估等事项；应收账款的清查应包括账龄分析、坏账准备、收回情况等方面的核对，及时处理坏账和催收款项；应付账款的清查应包括债务人、债务金额、支付期限等方面的核对，及时处理逾期债务和付款安排。

财产清查的结果应当及时反馈给企业管理层，作为调整经营策略和财务计划的重要依据。管理层应根据清查结果，分析和评估企业的资产管理状况和财务控制水平，采取相应措施提高资产利用效率和财务控制能力。例如，通过优化采购和库存管理，减少库存积压和资金占用，提高资产周转率和资金利用率；通过加强应收账款管理，提高催收效率和坏账控制能力，减少资金回收风险；通过合理安排资金使用和债务偿还计划，降低财务风险和融资成本，提高企业的财务稳定性和盈利能力。

七、财产清查的方法

（一）库存现金的清查

库存现金的清查是确保企业现金管理规范和安全的重要步骤，通常由会计部门和出纳部门共同实施。清查过程中需要由清查人员和出纳人员共同核对现金账簿与实际库存现金，确保账实相符。清查人员应当逐项清点库存现金，包括各种面值的纸币和硬币，准确记录实际库存金额。现金清查结果应与账簿记录进行对比，对于发现的账实不符情况，需要立即查明原因并进行相应的账务调整。清查结果应由清查人员和出纳人员共同签字确认，确保清查工作的真实性和准确性。库存现金清查不仅有助于发现和纠正现金管理中的问题，还能够防范现金流失和舞弊行为，提高现金管理的安全性和透明度。

（二）往来款项的清查

往来款项的清查是确保应收应付款项账实相符，防范坏账风险的重要措施，通常由会计部门负责实施。清查过程中需要对各类应收应付款项进行逐项核对，确保每一笔款项的账面记录与实际情况相符。应收账款清查时，应核对账龄分析表，确认各项应收款的收回情况，对于长期未收回的款项，应分析其原因并采取相应的催收措施。应付账款清查时，应核对账龄分析表，确认各项应付款的支付情况，对于长期未支付的款项，应查明原因并及时安排付款。往来款项的清查结果应详细记录并由相关人员签字确认，确保清查工作的真实性和准确性。往来款项清查不仅能够发现和处理账实不符的情况，还能够提高企业的资金管理效率和财务控制能力，降低经营风险。

(三) 银行存款的清查

1. 银行存款日记账与银行对账单不一致的原因

银行存款日记账与银行对账单不一致的原因主要包括几个方面，企业与银行的记账时间不同，导致某些业务在账面上记录的时间存在差异，企业已经入账但银行尚未记账的款项。企业或银行在记账过程中发生错误，例如金额记载错误、重记或漏记等情况，还有是由于企业未及时收到银行的回单或通知单，导致未能及时入账。银行手续费、利息收入等业务如果未及时在企业账簿中反映，也会造成账面记录与银行对账单的不一致。企业与银行之间的业务往来繁多，信息传递不及时或沟通不畅也会导致账面记录不一致。

2. 银行存款清查的步骤

银行存款清查的步骤包括几个重要环节，对企业银行存款日记账进行全面核对，确保账簿记录的准确性和完整性；获取银行对账单，与企业银行存款日记账进行逐项对比，找出差异项；编制银行存款余额调节表，将企业银行存款日记账余额与银行对账单余额进行调节，列明所有未达账项，例如企业已记账但银行未记账的存款、银行已记账但企业未记账的支出等。对于发现的差异项，需要进一步核查和确认，找出产生差异的具体原因并进行相应的账务调整，将清查结果进行记录和报告，确保账实相符并由相关人员签字确认，确保清查工作的真实性和准确性。

(四) 存货清查的方法

1. 全面盘点法

全面盘点法是对企业所有存货进行逐项清点和核对的一种方法，通常在年终或财务结算前进行。全面盘点法的优点是能够全面、准确地掌握企业的存货情况，发现和处理存货管理中的问题。盘点过程中需要对每一项存货进行详细清点，记录实际数量，并与账面记录进行对比，找出差异项。对于盘盈或盘亏的存货，需要分析原因，采取相应的处理措施并进行账务调整，全面盘点法要求参与盘点的人员具有较强的责任心和专业技能，确保盘点结果的准确性和可靠性。

2. 技术推算法

技术推算法是利用技术手段和计算方法对存货进行估算的一种方法，适用于存货数量较多、种类繁杂的企业。技术推算法的基本原理是通过对存货的入库、出库记录进行分析，结合存货的平均成本、销售情况等数据，推算出存货的实际数量。技术推算法的优点是能够提高存货清查的效率，减少人工清点的工作量，适用于日常存货管理和定期盘点。技术推算法的准确性依赖于企业的存货管理系统和数据的完整性，要求企业具备较高的信息化管理水平。

3. 抽样盘存法

抽样盘存法是通过对部分存货进行抽样检查，推算出全部存货数量和价值的一种方法，适用于存货种类多、数量大的企业。抽样盘存法的基本原理是根据统计学原理，随机抽取一定数量的存货样本进行详细盘点，然后根据样本数据推算出全部存货的情况。抽样盘存法的优点是能够在较短时间内获取存货清查结果，减少盘点工作的时间和成本，提高工作效率。抽样盘存法的准确性依赖于抽样方法的科学性和样本数据的代表性，要求清查人员具备一定的统计学知识和技能。

4. 函证核对法

函证核对法是通过向存货保管单位或外部仓库发送询证函，确认存货数量和价值的一种方法，适用于存货分散存放的企业。函证核对法的基本原理是通过书面询证的方式，获取第三方对存货数量和价值的确认意见，确保存货记录的真实性和准确性。函证核对法的优点是能够验证企业存货记录的真实性，增强存货清查的公正性和权威性。函证核对法要求清查人员具备较强的沟通能力和专业素养，确保询证函的内容准确、表达清晰，并及时获取反馈信息。

银行存款清查和存货清查是企业财务管理中的重要环节，合理运用多种清查方法能够提高财产清查的效率和准确性。企业应根据自身实际情况，选择适合的清查方法，并建立健全的内部控制制度，确保财产清查工作的规范性和有效性。通过定期开展财产清查，企业能够及时发现和处理存在的问题，提高财务信息的真实性和可靠性，提升资产管理水平和财务控制能力，促进企业的健康发展和长期稳定。

综合运用银行存款清查和存货清查的多种方法，企业能够全面掌握资产状况，及时调整管理策略，确保财务信息的准确性和完整性。通过规范和科学的财产清查，企业不仅能够提高内部控制和风险管理能力，还能够为外部审计和监管提供可靠依据，增强企业的公信力和市场竞争力。定期开展财产清查，有助于企业发现和纠正财务记录中的错误，提高财务管理水平，确保企业的健康发展和长期稳定。

（五）固定资产清查的内容及方法

1. 固定资产清查的内容

固定资产清查的内容包括企业所有固定资产的实物状态、使用情况、价值变动等方面。固定资产清查需要详细记录每一项资产的名称、规格、型号、数量、使用年限、使用部门及其具体位置。清查过程中应对固定资产的实际状况进行全面检查，包括资产的完好程度、维护情况以及是否存在闲置、损坏或报废的情况。对于需要更新或报废的固定资产，应记录其原因并进行相应处理，通过还须对固定资产的价值进行重新评估，确保账面价值与实际价值一致，发现并处理账实不符的情况。

2. 固定资产清查的方法

固定资产清查的方法主要包括全面清查法、定期抽查法和技术推算法。全面清查法是指对企业所有固定资产进行逐项清点和核对，确保清查结果的全面性和准确性。定期抽查法是指在固定资产数量较多的情况下，按照一定比例和时间间隔进行抽样检查，推算出全部固定资产的状况和价值。技术推算法是利用技术手段和计算方法，对固定资产进行估算和核对，适用于资产种类繁多、数量庞大的企业。无论采用哪种方法，清查过程中都应做到记录详细、数据准确、程序规范。

3. 固定资产清查的手续

固定资产清查的手续包括清查计划的制订、清查小组的成立、清查表格的准备、实地盘点的实施、清查结果的记录和处理等。清查计划应明确清查的范围、时间、方法和步骤，并确定清查小组的成员和职责。清查小组应由财务人员、资产管理人员及相关业务部门的人员组成，确保清查工作的全面性和公正性。清查表格应包括固定资产的各项基本信息和清查记录，便于清查人员逐项填写。实地盘点过程中，应对每一项固定资产进行详细检查和记录，并对清查结果进行审核和确认。对于发现的账实不符情况，应及时查明原因，采取相应的处理措施，并进行账务调整。

4. 固定资产清查结果的账务处理

（1）账户设置

固定资产清查结果的账务处理需要根据清查结果对相关账户进行调整和记录，固定资产账户设置包括固定资产总账、固定资产明细账和累计折旧账等。固定资产总账用于记录企业所有固定资产的总额，反映固定资产的整体状况。固定资产明细账用于记录各类固定资产的详细信息，包括名称、规格、型号、数量、原值、累计折旧等。累计折旧账用于记录固定资产的折旧情况，反映固定资产的净值和折旧费用。

（2）固定资产清查结果的账务处理

固定资产清查结果的账务处理包括对盘盈、盘亏及报废资产的账务调整，对于清查过程中发现的盘盈资产，应根据实际情况增加固定资产的账面记录，并相应调整固定资产账户和累计折旧账户。具体做法是增加固定资产的原值，同时增加相应的折旧费用。对于盘亏资产，应根据实际情况减少固定资产的账面记录，并相应减少固定资产账户和累计折旧账户。具体做法是减少固定资产的原值，同时减少相应的折旧费用。对于报废资产，应根据实际情况将固定资产从账面上注销，并相应调整固定资产账户和累计折旧账户。具体做法是将报废资产的原值和累计折旧全部注销，并将报废资产的净值计入营业外支出。

第二章　预算管理

第一节　部门预算编制

一、部门预算编制流程

（一）准备阶段

准备阶段通常在每年的第四季度开始，主要包括预算编制计划的制订、预算编制小组的成立以及预算编制资料的准备。预算编制计划应明确预算编制的总体目标、时间安排、编制要求和方法步骤，并进行详细分解，确保各项工作有序进行。预算编制小组应由财务部门、业务部门及相关职能部门的人员组成，确保预算编制工作的全面性和专业性。准备阶段还需要收集和整理预算编制所需的各类资料，包括历史财务数据、业务计划、市场预测、成本费用等信息，为预算编制提供数据支持和依据。

（二）"一上"阶段

"一上"阶段通常在每年的1月至2月进行，是各部门根据准备阶段的资料和要求，初步编制部门预算草案的过程。各部门应根据年度工作计划和经营目标，详细测算各项收入和支出，编制预算草案。预算草案应包括收入预算、支出预算、资本预算等各类预算内容，并附有详细的说明和依据。部门预算草案完成后，应报送至财务部门进行初步审核。财务部门对各部门预算草案进行汇总、审核和分析，确保预算编制的合理性和准确性，并形成初步的预算汇总报告。

（三）"一下"阶段

"一下"阶段通常在每年的3月至4月进行，是各部门根据财务部门的初步审核意见，修正和完善预算草案的过程。财务部门将初步的预算汇总报告和审核意见反馈给各部门，各部门应根据审核意见，调整和修正预算草案，确保预算编制的科学性和可行性。调整和修正后的预算草案应再次报送至财务部门进行复审。财务部门对各部门修正后的预算草案进行复审和汇总，确保预算数据的完整性和一致性，并形成修正后的预算汇总报告。

（四）"二上"阶段

"二上"阶段通常在每年的5月至6月进行，是各部门根据复审后的预算汇总报告，进一步细化和完善预算编制的过程。各部门应根据企业整体经营目标和财务状况，对预算草案进行进一步细化和调整，确保预算编制的准确性和全面性。细化和调整后的预算草案应包括各项收入和支出的详细测算依据和计划安排，并报送至财务部门进行最终审核。财务部门对各部门细化和调整后的预算草案进行最终审核和汇总，确保预算编制的全面性和合理性，并形成最终的预算汇总报告。

（五）"二下"阶段

"二下"阶段通常在每年的7月至8月进行，是企业管理层对最终预算汇总报告进行审核和批准的过程。财务部门将最终的预算汇总报告提交企业管理层进行审核，管理层对预算汇总报告进行全面审查和评估，确保预算编制符合企业的经营目标和财务状况。管理层在审核过程中，可以提出调整意见和建议，财务部门应根据管理层的意见和建议，进行必要的调整和修改。最终，企业管理层对修正后的预算汇总报告进行批准，并将批准后的预算下达至各部门，作为下一年度的预算执行依据。

二、部门预算的编制内容

（一）部门预算的重要性

部门预算是企业财务管理的重要组成部分，其主要功能在于为各部门的经营活动提供财务保障和指导。部门预算能够通过对未来经营活动的详细规划，帮助企业合理分配资源，提高资源利用效率，确保各项业务活动有序进行。部门预算在企业内部控制和风险管理中具有重要作用，能够通过预算编制和执行，监控各项支出和收入，防范财务风险。科学合理的部门预算有助于企业实现战略目标，提高经营效益和市场竞争力，为企业的可持续发展提供坚实基础。部门预算不仅是企业内部管理的重要工具，也是外部利益相关者评估企业经营状况和财务健康的重要依据。

（二）部门预算的编制原则

1. 合法性原则

部门预算编制应遵循合法性原则，确保预算编制过程和内容符合国家法律法规和企业内部规章制度的要求。预算编制过程中，各项收入和支出应严格按照法律规定的标准和范围进行测算，避免出现违法违规行为。合法性原则要求预算编制人员具备较高的法律意识和专业素养，确保预算编制的每一个环节都符合法律要求和制度规定。企业在制作预算编制计划时，应明确各项法律法规的要求，确保预算编制的合法性和合规性，避免因违法违规行为导致的财务风险和法律纠纷。部门预算的合法性不仅是企业内部控制和风险管理的重要保障，也是企业公信力和市场竞争力的重要体现。

2. 真实性原则

部门预算编制应遵循真实性原则，确保预算编制过程和内容真实、准确，能够客观反映企业的实际经营状况和财务状况。预算编制过程中，各项收入和支出应根据真实的数据和信息进行测算，避免出现虚报、瞒报和夸大等行为。真实性原则要求预算编制人员具备较高的专业技能和职业道德，能够客观、公正地进行预算编制，确保预算数据的真实性和准确性。企业在预算编制过程中，应加强内部控制和监督，建立健全的预算编制制度和流程，确保预算编制的每一个环节都真实、准确。部门预算的真实性不仅是企业内部管理的重要依据，也是企业对外报告和信息披露的重要保障，能够增强外部利益相关者对企业的信任和信心。

3. 完整性原则

部门预算编制应遵循完整性原则，确保预算编制过程和内容全面、完整，能够覆盖企业的所有业务活动和财务事项。预算编制过程中，各项收入和支出应进行全面、系统地测算，避免遗漏和疏漏。完整性原则要求预算编制人员具备较强的综合分析能力和系统思维，能够全面、系统地进行预算编制，确保预算内容的全面性和完整性。企业在制订预算编制计划时，应明确各项业务活动和财务事项的范围，确保预算编制的全面性和系统性，避免因预算内容不完整导致的管理漏洞和风险。部门预算的完整性不仅是企业财务管理的重要保障，也是企业实现经营目标和战略规划的重要基础。

4. 科学性原则

部门预算编制应遵循科学性原则，确保预算编制过程和结果具有科学依据和合理性。科学性原则要求预算编制人员充分运用科学的分析方法和工具，准确测算各项收入和支出，避免主观臆断和随意性。预算编制过程中，应考虑企业的历史数据、市场环境、经营计划等因素，进行全面、系统的分析和预测。科学性原则还要求预算编制人员具备较高的专业素养和数据分析能力，能够客观、公正地进行预算编制，确保预算数据的准确性和可靠性。企业应建立健全的预算编制制度和流程，明确各项预算编制的标准和方法，确保预算编制的科学性和合理性。

5. 稳妥性原则

部门预算编制应遵循稳妥性原则，确保预算编制过程和结果具有可行性和可控性。稳妥性原则要求预算编制人员在测算各项收入和支出时，充分考虑企业的实际经营情况和市场环境，避免过于乐观或悲观地预测。预算编制过程中，应留有一定的安全边际，考虑可能出现的各种风险和不确定性因素，确保预算的可执行性和可调整性。稳妥性原则还要求预算编制人员具备较强的风险意识和应变能力，能够根据实际情况及时调整预算，确保企业的财务稳定和经营安全。企业应建立健全的预算风险管理机制，加强对预算执行过程的监控和调整，确保预算的稳妥性和可控性。

6. 重点性原则

部门预算编制应遵循重点性原则，确保预算编制的过程和结果能够突出企业的核心业务和重点项目。重点性原则要求预算编制人员在测算各项收入和支出时，应明确企业的战略目标和经营重点，集中资源和力量，确保核心业务和重点项目的顺利实施。预算编制过程中，应对各项业务和项目进行优先排序，合理分配预算资源，确保资金的高效利用和重点保障。重点性原则还要求预算编制人员具备较强的战略思维和资源配置能力，能够根据企业的战略目标和经营需求，科学合理地进行预算编制，确保企业的核心竞争力和市场地位。企业应建立健全的预算管理制度和流程，明确各项业务和项目的预算优先级，确保预算编制的重点性和合理性。

7. 透明性原则

部门预算编制应遵循透明性原则，确保预算编制过程和结果具有公开性和透明性。透明性原则要求预算编制人员在测算各项收入和支出时，应详细记录预算的依据、方法和过程，确保预算数据的公开、透明和可追溯。预算编制过程中，应充分听取各部门和相关利益相关者的意见和建议，确保预算编制的民主性和公开性。透明性原则还要求预算编制人员具备较强的信息披露和沟通能力，能够及时、准确地向企业内部和外部披露预算信息，确保预算编制的透明性和公正性。企业应建立健全的预算信息披露制度和流程，明确各项预算信息的披露要求和范围，确保预算编制的透明性和公开性。

8. 绩效性原则

部门预算编制应遵循绩效性原则，确保预算编制过程和结果具有绩效导向和结果导向。绩效性原则要求预算编制人员在测算各项收入和支出时，应明确各项业务和项目的绩效目标和评价标准，确保预算的实施能够实现预期的经营效果和财务结果。预算编制过程中，应对各项业务和项目进行绩效评估和分析，确保预算资源的高效利用和合理分配。绩效性原则还要求预算编制人员具备较强的绩效管理和评估能力，能够根据预算执行情况，及时调整预算和经营策略，确保企业的经营效益和财务健康。企业应建立健全的预算绩效管理机制，加强对预算执行过程的绩效监控和评估，确保预算编制的绩效性和结果导向。

（三）收入预算的编制

1. 部门收入预算的内容

（1）财政拨款收入

财政拨款收入是指部门从政府财政部门获得的各类拨款，用于支持其开展各项业务和活动。这部分收入包括一般公共预算拨款和专项资金拨款，一般公共预算拨款用于保障部门的日常运行和基本支出，专项资金拨款用于支持特定项目或活动。

(2) 事业收入

事业收入是指部门通过开展其特有的专业服务或业务活动所获得的收入，事业收入主要包括服务收费、技术转让费、培训费等，反映了部门在其专业领域的业务能力和市场影响力。事业收入的增加有助于提升部门的自主发展能力和资金来源的多样性。

(3) 上级补助收入

上级补助收入是指部门从上级主管部门获得的各类补助款项，这些款项通常用于支持特定的项目或活动。上级补助收入包括专项补助和一般性补助，专项补助用于支持特定项目或活动，一般性补助用于弥补部门的经常性支出缺口。

(4) 事业单位经营收入

事业单位经营收入是指部门通过其下属经营实体开展经营活动所获得的收入，经营收入包括商品销售收入、服务收入、租赁收入等，反映了部门在市场竞争中的经营能力和经济效益。事业单位经营收入是部门收入的重要补充，有助于提高部门的自我发展能力。

(5) 附属单位上缴收入

附属单位上缴收入是指部门下属的各类附属单位按规定上缴的收入，附属单位包括二级单位、直属机构等，这些单位通过其业务活动获得的收入按规定比例上缴部门，作为部门收入的一部分。附属单位上缴收入有助于优化部门的收入结构，提高整体收入水平。

(6) 用事业基金弥补收支差额

用事业基金弥补收支差额是指部门在其年度预算执行过程中，如出现收入不足以弥补支出时，动用事业基金进行弥补。事业基金是部门历年结余资金的积累，具有应急和调剂功能，用于弥补预算执行中的资金缺口，确保部门各项业务活动的正常开展。

(7) 其他收入

其他收入是指除上述各项收入以外，部门获得的其他各类收入。这些收入包括利息收入、捐赠收入、罚款收入等，具有多样性和不确定性。其他收入的增加有助于丰富部门的收入来源，提高收入的稳定性和抗风险能力。

2. 收入预算编制测算依据

（1）财政拨款收入的测算

财政拨款收入的测算主要依据政府的财政政策、预算安排和部门的实际需要进行。测算过程中，应充分考虑政府财政预算的总体安排和各类拨款的具体标准，结合部门的工作计划和资金需求，合理确定各项财政拨款收入的预算数额。财政拨款收入的测算还需结合历史数据进行分析和预测，确保预算编制的科学性和合理性。

（2）政府性基金收入的测算

政府性基金收入的测算依据政府相关政策、基金项目安排和部门的实际执行情况进行。测算过程中，应充分了解政府性基金的管理规定和使用范围，结合部门承担的基金项目任务，合理预测各类政府性基金收入的预算数额。政府性基金收入的测算还需参考历史数据和项目进展情况，确保预算编制的准确性和可操作性。

（3）部门其他相关收入

部门其他相关收入的测算包括事业收入、上级补助收入、经营收入、附属单位上缴收入、用事业基金弥补收支差额和其他收入的测算。事业收入的测算应结合部门的业务发展计划、市场需求和收费标准，合理预测各类业务收入的预算数额。上级补助收入的测算应根据上级主管部门的补助政策和项目安排，结合部门的实际需要，合理确定补助收入的预算数额。经营收入的测算应结合经营实体的经营计划、市场环境和销售预测，合理预测各类经营收入的预算数额。附属单位上缴收入的测算应依据附属单位的收入情况和上缴比例，合理预测上缴收入的预算数额。用事业基金弥补收支差额的测算应根据预算执行中的收入和支出情况，合理确定动用事业基金的预算数额。其他收入的测算应结合部门的历史数据和实际情况，合理预测各类其他收入的预算数额。

（四）部门支出预算的编制

1. 基本支出预算的内涵

基本支出预算是部门预算中的重要组成部分，主要用于保障部门正常运转和维持日常业务活动所需的各项支出。基本支出预算包括人员经费和日常公用经费两大类，具体项目涵盖了部门运作的方方面面。

（1）人员经费定额项目

人员经费定额项目是指部门在预算编制过程中，根据实际人员编制和岗位需求，确定的用于支付员工薪酬、福利和各类津贴补贴的经费。人员经费包括基本工资、津贴补贴、奖金、社会保险费用等，是保障员工基本生活和工作的必要支出。编制人员经费预算时，需要考虑员工的岗位职责、工作量、薪酬标准以及相关法律法规的规定，确保人员经费的合理性和合规性。

（2）日常公用经费定额项目

日常公用经费定额项目是指部门在预算编制过程中，根据日常办公和业务活动的实际需要，确定的用于支付日常办公费用和业务支出的经费。日常公用经费包括办公用品采购费、水电费、通讯费、差旅费、维修维护费等，是保障部门日常工作顺利进行的必要支出。编制日常公用经费预算时，需要结合部门的业务特点、工作计划以及历史支出情况，合理测算各项费用，确保经费预算的科学性和可行性。

2. 编制原则

（1）综合预算

综合预算原则是指部门在编制支出预算时，应将所有收入和支出项目纳入预算范围，进行全面、系统的编制和管理。综合预算要求部门在编制预算时，不仅要考虑基本支出，还要统筹安排专项支出和资本性支出，以确保预算的全面性和完整性。综合预算的实施有助于提高预算编制的科学性和规范性，增强预算管理的整体性和协调性，为实现部门的总体经营目标提供有力保障。

（2）优先保障

优先保障原则是指部门在编制支出预算时，应优先保障基本支出的合理需求，确保部门正常运转和日常业务活动的顺利进行。优先保障原则要求部门在编制预算时，优先安排人员经费和日常公用经费，确保员工薪酬、福利和办公费用的及时支付。优先保障的实施有助于提高预算执行的有效性和保障性，确保部门的基本运作和核心业务不受影响，为实现部门的经营目标提供基础保障。

（3）定员定额管理

定员定额管理原则是指部门在编制支出预算时，应根据实际人员编制和工作需要，合理确定各项经费的支出标准和定额，从而确保预算编制的科学性和合理性。定员定额管理要求部门在编制人员经费预算时，根据实际岗位需求和薪酬标准，合理确定员工薪酬和各类津贴补贴的支出额度。在编制日常公用经费预算时，根据实际办公和业务需要，合理确定各项费用的支出标准和定额，确保经费预算的合理性和可行性。定员定额管理的实施有助于提高预算编制的精细化和规范化，增强预算管理的科学性和合理性，为实现部门的经营目标提供有力支持。

3. 定员定额标准体系

（1）定员定额内涵

定员定额是指在部门预算编制过程中，根据部门实际业务需求和工作量，科学合理地确定人员编制和各项经费支出标准的一种管理制度。定员是指在保证部门正常运转和业务活动的前提下，合理配置各岗位人员数量，以提高工作效率和人力资源利用率。定额是指根据工作量和工作标准，合理确定各项经费支出的标准和额度，确保资源配置的合理性和支出的经济性。定员定额制度的实施，有助于优化资源配置，提高工作效率和管理水平，降低运行成本，保障部门预算编制的科学性和合理性。

（2）定员定额标准

定员定额标准是部门在预算编制过程中，为实现合理配置人力资源和经费支出而制定的具体标准和规范。定员标准是根据部门的工作任务、岗位职责和工作量，合理确定各岗位所需人员数量的标准，确保人力资源配置的科学性和合理性。定额标准是根据部门的实际工作需求和经费支出情况，合理确定各项费用支出的标准和额度，确保经费支出的经济性和合理性。定员定额标准的制定，应考虑部门的实际业务情况和历史数据，参考相关行业标准和法律法规，确保标准的科学性和可操作性。

（3）定员定额标准的制定

①制定依据

制定定员定额标准的依据主要包括部门的实际业务需求、工作量和工作标准，以及相关法律法规和行业标准。部门的实际业务需求是制定定员定额标准的基本依据，应结合部门的工作任务、岗位职责和工作量，合理确定人员编制和各项经费支出的标准。工作量和工作标准是制定定员定额标准的重要依据，应根据各岗位的工作量和工作标准,合理确定各项经费支出的标准和额度。相关法律法规和行业标准是制定定员定额标准的参考依据,应结合相关法律法规和行业标准,确保标准的合法性和合规性。部门在制定定员定额标准时,应充分考虑上述依据,确保标准的科学性和合理性。

②确定方法

制定定员定额标准的方法主要包括工作分析法、经验法和比较法等。工作分析法是通过对各岗位的工作任务、工作量和工作标准进行详细分析,确定各岗位所需人员数量和各项经费支出的标准。经验法是根据部门的历史数据和实际经验,结合当前的工作需求和工作量,合理确定各项经费支出的标准和额度。比较法是通过对比同行业和同类型部门的定员定额标准,结合部门的实际情况,合理确定各项经费支出的标准和额度。部门在制定定员定额标准时,应综合运用上述方法,确保标准的科学性和合理性。

第二节　预算绩效管理

一、预算绩效管理的内涵

预算绩效管理是指通过科学、系统的评价和监控机制,对预算执行过程和结果进行全面分析和评估,以提高资源利用效率和资金使用效益的一种管理方式。这一管理方式不仅关注预算编制的合理性和准确性,还重视预算执行过程中的实际效果和绩效表现。预算绩效管理的核心在于将绩效理念引入预算管理全过程,通过设定绩效目标、监控执行情况、评价绩效结果等环节,确保预算资金能够实现预期的产出和效果。

预算绩效管理的目标是通过科学的绩效评价和管理手段,提高财政资金的使用效率和效果,促进公共资源的合理配置和有效利用。具体来说,预算绩效管理主要包括三个方面的内容:绩效目标的设定、绩效监控的实施和绩效评价的开展。绩效目标的设定是预算绩效管理的起点,通过明确预算项目的预期成果和效果,为后续的绩效监控和评价提供依据。绩效监控的实施是对预算执行过程进行实时跟踪和监控，确保各项预算支出的合理性和合规性，并及时发现和纠正存在的问题。绩效评价的开展是对预算执行结果进行全面、系统的分析和评估，衡量预算项目的实际产出和效果，并根据评价结果进行绩效改进和优化。

预算绩效管理的内涵还包括绩效信息的公开和透明，通过将预算绩效信息向公众和利益相关者公开披露，增强预算管理的透明度和公信力。公开透明的预算绩效信息不仅有助于提高公共资源使用的透明度和问责性，还能够促进社会公众对预算管理的监督和参与，提升政府和公共部门的绩效水平和服务质量。

预算绩效管理的实施需要建立健全的绩效管理制度和机制，包括绩效目标管理制度、绩效监控机制、绩效评价体系等。绩效目标管理制度是预算绩效管理的基础，通过明确预算项目的绩效目标和考核标准，确保预算资金的使用能够产生预期的效果。绩效监控机制是预算绩效管理的重要环节，通过对预算执行过程的实时监控和跟踪，确保各项预算支出的合理性和合规性，并及时发现和纠正存在的问题。绩效评价体系是预算绩效管理的关键，通过对预算执行结果进行全面、系统的分析和评估，衡量预算项目的实际产出和效果，并根据评价结果进行绩效改进和优化。

预算绩效管理的有效实施离不开各级部门和单位的密切协作和配合，各级部门和单位应当高度重视预算绩效管理工作，建立健全预算绩效管理制度和机制，明确各自的职责和任务，确保预算绩效管理工作的顺利开展。财务部门应发挥主导作用，统筹协调各级部门和单位的预算绩效管理工作，确保预算绩效管理的科学性和规范性。各业务部门应根据自身的工作任务和目标，科学合理地设定预算绩效目标，认真开展预算绩效监控和评价，确保预算绩效管理的有效实施。

预算绩效管理的实施不仅有助于提高财政资金的使用效率和效果，还能够促进公共资源的合理配置和有效利用，提升政府和公共部门的绩效水平和服务质量。科学合理的预算绩效管理能够为政府和公共部门的决策提供有力支持，增强公共资源管理的透明度，提升社会公众对政府和公共部门的信任和满意度。

二、绩效管理基本框架

（一）预算绩效管理的主要内容

预算绩效管理是现代财政管理的重要组成部分，旨在通过科学的管理手段，提高财政资金的使用效率和效果，促进公共资源的合理配置和有效利用。预算绩效管理的主要内容包括绩效目标管理、绩效运行监控和绩效评价实施。

1. 绩效目标管理

绩效目标管理是预算绩效管理的基础环节，主要包括绩效目标设定、绩效目标审核和绩效目标批复三个方面，通过明确预算项目的预期成果和效果，为后续的绩效监控和评价提供依据。

（1）绩效目标设定

绩效目标设定是指在预算编制过程中，根据部门的工作任务和实际需要，明确各项预算项目的具体目标和预期效果。绩效目标应具体、可衡量、可实现、相关且具有时限，确保能够为后续的绩效监控和评价提供明确的标准和依据。设定绩效目标时，应结合部门的战略目标和业务计划，充分考虑实际执行情况和可能面临的挑战，确保绩效目标的科学性和可行性。

（2）绩效目标审核

绩效目标审核是指在绩效目标设定后，由相关部门或单位对其进行审查和评估，确保绩效目标的合理性和可行性。审核过程中，应重点关注绩效目标的具体性、可衡量性和相关性，确保绩效目标能够真实反映预算项目的预期效果和成果。审核部门应结合实际情况，对绩效目标进行全面、系统的评估和审查，确保绩效目标的科学性和合理性。

（3）绩效目标批复

绩效目标批复是指在绩效目标审核通过后，由上级部门或单位对其进行正式批准和确认，确保绩效目标的合法性和权威性。批复过程中，应结合审核结果，对绩效目标进行最终确认和调整，确保其能够满足实际需求和管理要求。批复后的绩效目标应作为预算执行和绩效管理的依据，确保各项预算项目能够按照预定目标和计划顺利实施。

2. 绩效运行监控

绩效运行监控是预算绩效管理的重要环节，旨在通过对预算执行过程的实时跟踪和监控，确保各项预算支出的合理性和合规性，并及时发现和纠正存在的问题。绩效运行监控主要包括绩效目标的执行情况、预算资金的使用情况和项目进展情况等方面的监控。监控过程中，应重点关注预算执行过程中是否存在超支、挪用、滞留等问题，确保预算资金的使用能够实现预期的绩效目标和效果。各部门应建立健全的绩效运行监控机制，定期开展绩效运行监控工作，确保各项预算项目能够按计划顺利实施，并及时发现和解决存在的问题。

3. 绩效评价实施

绩效评价实施是预算绩效管理的关键环节，旨在通过对预算执行结果的全面、系统地分析和评估，衡量预算项目的实际产出和效果，并根据评价结果进行绩效改进和优化。绩效评价实施主要包括绩效目标的实现情况、预算资金的使用效益和项目的社会效益等方面的评价。评价过程中，应结合绩效目标和实际执行情况，对各项预算项目的绩效进行全面、系统地分析和评估，确保评价结果的客观性和公正性。评价结果应作为绩效改进和优化的依据，为后续的预算编制和管理提供参考和指导。

（二）预算绩效管理的基本原则

1. 统一组织，分级负责

预算绩效管理的实施需要在统一组织的基础上进行，确保各项工作有序开展和协调推进。在具体执行过程中，各级部门应明确自身职责，按照分级负责的原则，落实各自的任务和目标。统一组织能够保证预算绩效管理的整体性和一致性，避免各部门之间的管理脱节和资源浪费。分级负责则有助于调动各级部门的积极性和主动性，确保各项工作能够切实落实，达到预期的管理效果。

2. 统筹规划，远近结合

预算绩效管理应统筹规划，既要考虑短期目标的实现，也要注重长期发展的可持续性。各部门在编制和执行预算时，应结合当前的实际情况和未来的发展需求，合理确定绩效目标和实施计划。远近结合的原则要求在设定绩效目标时，既要有明确的短期指标，用以衡量当前的执行效果，又要有长远的规划，确保预算绩效管理能够服务于部门和企业的整体发展战略。统筹规划和远近结合有助于提高预算管理的科学性和前瞻性，确保各项资源能够得到最优配置和使用。

3. 全面推进，重点突破

预算绩效管理需要在全面推进的基础上，实现重点突破。全面推进要求各级部门在预算绩效管理的各个环节，都要严格按照统一的标准和要求进行，确保管理工作的覆盖面和系统性。重点突破则要求在实际操作中，根据部门和项目的具体情况，选择关键环节和重点项目进行深入管理和改进，通过抓住重点，实现突破，可以有效带动整体绩效水平的提升。全面推进和重点突破相结合，能够在保证全面性和系统性的同时，实现关键环节和重点项目的高效管理和显著改善。

4. 改革创新，协力推动

预算绩效管理应坚持改革创新，不断探索和应用新的管理方法和技术手段，提升管理的效率和效果。各级部门应在实践中大胆尝试、积极创新，寻求适合自身特点的绩效管理模式。改革创新需要各级部门和单位的协作和支持，形成合力，共同推动预算绩效管理的持续改进和优化。协力推动要求各部门在管理过程中，加强沟通和协调，充分发挥集体智慧和团队力量，确保各项改革措施能够顺利实施并取得实效，通过改革创新和协力推动，预算绩效管理能够不断适应新的环境和需求，持续提升管理水平和效果。

（三）预算绩效管理的组织体系

1. 财政部门是预算绩效管理工作的组织主体

财政部门在预算绩效管理中起到组织和领导的核心作用，负责制定和发布相关政策、制度和工作规范，确保预算绩效管理工作的统一性和规范性。财政部门还需负责组织和协调各预算部门的绩效管理工作，提供必要的指导和支持，确保绩效管理的实施效果，通过定期监督和检查预算绩效管理的执行情况，财政部门能够及时发现和纠正存在的问题，推动预算绩效管理工作的持续改进和优化。

2. 预算部门是本部门预算绩效管理的责任主体

预算部门作为本部门预算绩效管理的直接责任主体，需根据财政部门的政策和要求，制定本部门的预算绩效管理实施方案和具体措施。预算部门应明确各项绩效目标，合理配置资源，确保预算资金的使用能够实现预期的效果。通过建立健全内部管理机制和绩效评估体系，预算部门能够有效监控和评估预算执行情况，及时调整和优化管理措施，提升预算绩效管理的水平和效果。预算部门的责任主体地位要求其在绩效管理中具备高度的责任感和执行力，确保各项工作落到实处。

3. 各类社会中介是预算绩效管理工作的参与者

各类社会中介机构，如会计师事务所、咨询公司等，在预算绩效管理中发挥重要的参与和支持作用。这些中介机构通过提供专业的咨询、评估和审计服务，帮助预算部门和财政部门更好地开展绩效管理工作。社会中介机构凭借其专业知识和丰富经验，能够为预算绩效管理提供客观、公正的第三方评估，发现和揭示潜在的问题和风险，提出改进建议。社会中介机构的参与不仅提升了预算绩效管理的专业性和科学性，还增强了绩效管理的透明度和公信力。

4. 社会各界是预算绩效管理的监督指导者

社会各界，包括媒体、公众、非政府组织等，在预算绩效管理中扮演着重要的监督和指导角色。社会各界通过多种形式参与预算绩效管理的监督，对预算资金的使用情况进行独立评估和审查，确保公共资源的使用公开透明。社会各界的监督不仅有助于提高预算绩效管理的透明度和公信力，还能够促进政府和预算部门更加重视绩效管理工作，提高管理水平和执行效果。公众的参与和监督为预算绩效管理提供了重要的外部压力和动力，推动管理工作的持续改进和优化。

（四）预算绩效管理的制度体系

1. 预算绩效管理法律法规体系

预算绩效管理法律法规体系是确保预算绩效管理工作顺利开展的重要基础，主要由国家制定的相关法律、行政法规、部门规章及地方性法规组成。法律法规体系明确了预算绩效管理的基本原则、目标和要求，为各级预算部门和单位提供了法律依据和行为规范，通过严格执行相关法律法规，预算绩效管理能够在法治轨道上有序推进，确保公共资源的使用更加规范、透明和高效。

2. 预算绩效管理规章体系

预算绩效管理规章体系是对预算绩效管理法律法规的具体落实和补充，主要包括预算绩效管理的顶层制度、具体制度和操作细则三个层次。

（1）预算绩效管理顶层制度

预算绩效管理顶层制度是指由财政部等主管部门制定的关于预算绩效管理的总体框架和基本政策，顶层制度明确了预算绩效管理的基本原则、总体目标、实施路径及各级部门的职责分工，确保预算绩效管理工作有章可循、有据可依。顶层制度的制定和实施，为各级预算部门和单位开展预算绩效管理提供了统一的指导和规范，确保预算绩效管理工作在全国范围内的统一性和协调性。

（2）预算绩效管理具体制度

预算绩效管理具体制度是指根据顶层制度的要求，由各级财政部门和预算部门制定的具体管理办法和操作流程。具体制度包括预算绩效目标的设定和审核、绩效监控和评价、绩效信息公开和反馈等内容，详细规定了各项预算绩效管理工作的具体操作步骤和要求。具体制度的实施，确保了预算绩效管理工作的系统性和可操作性，使各级部门和单位能够按照统一的标准和流程，科学、规范地开展预算绩效管理工作。

（3）预算绩效管理操作细则

预算绩效管理操作细则是对具体制度的进一步细化和补充，主要由各级预算部门和单位根据实际情况制定的具体操作指南和工作手册。操作细则包括各项预算绩效管理工作的具体操作步骤、工作流程、数据要求及报告格式等，确保各项工作能够具体落实到位。操作细则的制定和实施，为预算绩效管理工作的实际操作提供了详细的指导和参考，确保各项工作能够按计划顺利开展。

3. 预算绩效管理外部配套制度

预算绩效管理外部配套制度是指与预算绩效管理工作相关的其他制度和机制，主要包括信息化管理制度、监督审计制度和社会参与机制等。信息化管理制度是指通过建立和完善预算绩效管理信息系统，实现绩效管理工作的数字化、信息化和智能化，提高管理效率和透明度。监督审计制度是指通过内部审计和外部监督，确保预算绩效管理工作的规范性和合规性，及时发现和纠正存在的问题。社会参与机制是指通过公众参与和社会监督，增强预算绩效管理的透明度和公信力，提高公共资源的使用效益和管理水平。

（五）预算绩效评价体系

1. 绩效指标

绩效指标是预算绩效评价体系的核心要素，具体指用于衡量预算执行效果和绩效目标实现程度的量化指标。设定绩效指标时，需确保其具有明确性、可衡量性和相关性，能够客观反映预算执行情况和绩效目标的实际成果。绩效指标通常包括财务指标和非财务指标两类，财务指标如成本效益比、支出控制率等，非财务指标如服务覆盖率、项目完成率等。合理设定绩效指标，有助于全面、准确地评估预算执行效果，确保绩效评价工作的科学性和公正性。

2. 绩效评价指标

绩效评价指标是在绩效指标基础上进一步细化和扩展，用于具体评价预算执行结果和绩效目标实现情况的具体量化标准。绩效评价指标应涵盖预算执行的各个方面，包括效率、效果、经济性和公平性等维度。效率指标主要衡量资源利用的效率和投入产出比；效果指标主要衡量预算项目的实际效果和目标实现情况；经济性指标主要衡量资金使用的合理性和经济性；公平性指标主要衡量预算分配和使用的公平程度。科学设置绩效评价指标，能够全面反映预算执行的实际情况，为绩效评价提供可靠依据。

3. 绩效评价标准

绩效评价标准是衡量绩效指标和评价指标实现程度的具体参照基准，通常包括定量标准和定性标准两类。定量标准是基于具体数值和数据的量化标准，如成本效益比达到1.2以上、项目完成率达到95%以上等。定性标准是基于主观判断和综合评估的非量化标准，如服务质量达到满意水平、项目管理达到规范要求等。设定绩效评价标准时，应结合预算项目的特点和实际情况，确保标准的科学性、合理性和可操作性。合理的绩效评价标准，能够确保绩效评价的客观性和公正性，提升评价结果的信度和效度。

4. 评价指标权重

评价指标权重是指在绩效评价过程中，各评价指标在总体评价结果中的相对重要性和影响程度。设定评价指标权重时，应根据各指标的重要性和相关性，合理确定其权重分配，确保评价结果的科学性和公平性。权重设置应体现不同评价指标的相对重要性，重点指标应赋予较高权重，一般指标应赋予较低权重。合理确定评价指标权重，有助于准确反映各评价指标对预算执行效果的综合影响，确保绩效评价结果的全面性和准确性。

5. 绩效评价方法

绩效评价方法是指在绩效评价过程中，具体应用于测算、分析和评估绩效指标和评价标准的技术手段和操作方法。常用的绩效评价方法包括成本效益分析法、综合评分法、平衡计分卡法等。成本效益分析法主要通过对比项目成本和收益，衡量预算项目的经济效益和社会效益；综合评分法主要通过对各评价指标的评分和加权，综合评估预算执行效果；平衡计分卡法主要通过设定财务、客户、内部流程和学习成长等多个维度的指标，全面评估预算绩效。选择适合的绩效评价方法，能够确保绩效评价工作的科学性、系统性和操作性，为绩效改进和优化提供可靠依据。

三、绩效评价结果应用

（一）绩效评价结果的衡量

绩效评价结果的衡量是预算绩效管理的重要环节，旨在通过科学、系统的方法对预算执行效果进行全面评估。衡量过程中，需要对各项绩效指标进行详细分析，确保评价结果的准确性和客观性。绩效评价结果应涵盖各类财务指标和非财务指标，如成本效益、工作效率、服务质量和项目完成率等，通过对这些指标的综合分析，可以全面了解预算执行的实际效果和存在的问题，为进一步优化和改进预算管理提供有力依据。绩效评价结果的衡量还应结合历史数据和行业标准进行对比分析，确保评价结果具有参考价值和现实意义。

（二）绩效评价结果的反馈

绩效评价结果的反馈是预算绩效管理中的关键步骤，旨在通过及时、准确地传递评价信息，促进各级部门和单位进行改进和优化。反馈过程中，应确保评价结果的透明度和公正性，避免信息的不对称和误导。评价结果应通过书面报告、会议通报等多种形式，及时传递给相关部门和单位，确保各级管理人员能够全面了解预算执行情况和绩效表现，通过绩效评价结果的反馈，各部门能够根据评价结果，制定切实可行的改进措施和行动计划，提高预算执行的科学性和有效性。反馈过程还应注重对优秀绩效的表彰和激励，激发各部门和员工的工作积极性和创造性，推动整体绩效水平的提升。

(三) 绩效评价结果的具体应用

1. 完善预算管理

绩效评价结果的应用在完善预算管理中起着关键作用，各部门应根据绩效评价结果，分析预算执行中存在的问题和不足，制定改进措施，提高预算编制的科学性和合理性。通过绩效评价，部门能够更准确地预测未来的预算需求，优化资源配置，提高资金使用效益。绩效评价结果还可以作为预算调整和优化的重要依据，确保资金投向更具效益的项目和领域，提升整体预算管理水平。

2. 报告评价结果

绩效评价结果应及时向相关领导和部门报告，确保管理层能够全面了解预算执行情况和绩效表现。报告应包括评价的具体指标、评价方法、结果分析及改进建议等内容，为管理层决策提供科学依据。通过详细的绩效评价报告，管理层能够全面掌握各项预算的执行情况和实际效果，有助于做出更科学、更合理的决策，提高财政管理水平和公共服务质量。

3. 公开评价结果

绩效评价结果的公开有助于提高预算管理的透明度和公信力，增强公众对政府工作的信任和支持。各级财政部门应通过政府网站、新闻发布会等多种渠道，向社会公开绩效评价结果。公开内容应包括绩效目标、评价指标、评价结果及改进措施等，确保信息的全面性和透明度。过绩效评价结果的公开，社会公众能够更好地监督预算执行情况，促进政府部门提高工作效率和服务质量。

4. 纳入政府考核

将绩效评价结果纳入政府考核体系，能够有效推动各部门重视绩效管理，提升预算执行的效果。各级政府应将绩效评价结果作为部门和单位考核的重要指标，建立健全的考核机制和奖惩制度。通过将绩效评价结果与部门和单位的绩效考核、预算分配和领导干部的任用等挂钩，激励各部门提高预算管理水平和工作绩效，确保财政资金的合理使用和高效运作。

5. 实施绩效问责

绩效评价结果的应用还包括对预算执行中存在问题和失误的部门和责任人进行问责，建立健全的绩效问责机制。通过绩效评价发现预算执行中的问题和不足,对存在严重问题的部门和个人进行问责,确保预算管理工作的规范性和严肃性。绩效问责机制的实施,有助于强化各部门的责任意识和纪律观念,推动预算管理工作的持续改进和优化,提高财政资金的使用效益和管理水平。

四、预算绩效管理方向

(一)建立全过程预算绩效管理机制

建立全过程预算绩效管理机制是预算管理改革的重要方向,旨在通过全面覆盖预算编制、执行、监督和评价等各个环节,确保预算资金的使用效率和效果。全过程预算绩效管理机制要求在预算编制阶段,科学设定绩效目标和指标,明确各项预算资金的使用方向和预期成果。在预算执行阶段,实行严格的绩效监控和管理,确保各项资金按计划使用,并及时发现和解决存在的问题。在预算监督阶段,强化内部控制和外部监督,确保预算执行的规范性和合规性。在预算评价阶段,全面开展绩效评价工作,系统分析预算执行结果,提出改进建议和措施。建立全过程预算绩效管理机制,有助于提高预算管理的科学性和系统性,确保公共资源的高效利用。

(二)健全预算绩效管理智库

健全预算绩效管理智库是提升预算绩效管理水平的重要举措,旨在通过引入专业力量和智力支持,增强预算绩效管理的科学性和专业性。健全专家学者库、中介机构库和监督指导库,是预算绩效管理智库建设的三个重要方面。

1. 健全专家学者库

健全专家学者库是指通过遴选和聘用在预算管理、绩效评价、财务管理等领域具有丰富经验和专业知识的专家学者,组建高水平的智库团队。专家学者库的成员应定期参与预算绩效管理的研究、咨询和评审工作,为预算编制、执行、监督和评价提供专业支持和智力保障。专家学者库的建设有助于提高预算绩效管理的科学性和权威性,确保各项工作的高质量实施。

2. 健全中介机构库

健全中介机构库是指通过遴选和引入具备专业资质和良好信誉的会计师事务

所、咨询公司等中介机构，建立高水平的专业服务团队。中介机构库的成员应定期参与预算绩效管理的咨询、审计和评价工作，为预算编制、执行、监督和评价提供专业支持和服务保障。中介机构库的建设有助于提高预算绩效管理的专业性和规范性，确保各项工作的高效实施。

3. 健全监督指导库

健全监督指导库是指通过遴选和聘用具有丰富经验和专业知识的审计人员、监督人员和法律专家，组建高水平的监督指导团队。监督指导库的成员应定期参与预算绩效管理的监督、检查和指导工作，为预算编制、执行、监督和评价提供监督保障和指导支持。监督指导库的建设有助于提高预算绩效管理的透明性和公信力，确保各项工作的规范实施。

（三）拓展预算绩效管理的广度和深度

拓展预算绩效管理的广度和深度是提升预算绩效管理效果的重要途径，旨在通过全面覆盖各类预算资金和项目，深入开展重点绩效评价，确保预算绩效管理的全面性和系统性。

1. 增点扩面

增点扩面是指在预算绩效管理过程中，逐步扩大预算绩效管理的覆盖范围，增加纳入绩效管理的预算资金和项目数量。各级财政部门和预算单位应根据实际情况，逐步将更多的预算资金和项目纳入绩效管理范围，确保预算绩效管理的全面性和系统性。增点扩面有助于全面掌握预算执行情况，提高预算管理的科学性和全面性，确保公共资源的高效利用。

2. 重点绩效评价

重点绩效评价是指在预算绩效管理过程中，根据预算资金和项目的重要性、复杂性和影响力，选择部分重点资金和项目，深入开展绩效评价工作。各级财政部门和预算单位应根据实际情况，确定重点绩效评价的对象和范围，科学设定评价指标和标准，全面分析和评估预算执行效果。重点绩效评价有助于深入了解重点资金和项目的执行情况和实际效果，为改进和优化预算管理提供有力支持。

(四) 提高预算绩效管理的工作质量

1. 实施绩效评价质量控制

实施绩效评价质量控制是提高预算绩效管理工作质量的关键环节，通过建立健全的质量控制机制，确保绩效评价结果的科学性和可靠性。各级财政部门和预算单位应制定统一的绩效评价质量控制标准，明确评价流程和操作规范，确保评价工作的规范性和一致性。质量控制过程中，应注重评价方法的科学性和数据来源的准确性，避免主观偏见和人为干扰。建立绩效评价质量控制机制，有助于提高评价结果的可信度和公正性，为预算管理提供可靠依据。

2. 完善绩效信息系统建设

完善绩效信息系统建设是提高预算绩效管理工作质量的重要手段，通过信息化手段提升绩效管理的效率和精确度。各级财政部门和预算单位应建设统一的绩效信息系统，实现绩效管理全过程的数字化和信息化。绩效信息系统应包括绩效目标设定、绩效监控、绩效评价和绩效反馈等模块，确保各项工作环节的信息流转和数据共享，通过绩效信息系统的建设和应用，能够实时监控预算执行情况，提高绩效管理的及时性和有效性，确保预算绩效管理工作更加科学和高效。

3. 加强预算绩效监督检查

加强预算绩效监督检查是提高预算绩效管理工作质量的重要保障，通过全面的监督检查机制，确保预算资金的规范使用和有效管理。各级财政部门应建立健全预算绩效监督检查制度，定期开展专项检查和审计工作，及时发现和纠正存在的问题。监督检查过程中，应注重检查范围的全面性和检查方法的多样性，确保监督检查的深入和细致，通过加强预算绩效监督检查，能够有效防范预算管理中的违规行为和风险，提升预算绩效管理工作的整体水平。

(五) 实现绩效评价结果的有效应用

1. 促进预算管理

绩效评价结果的有效应用是促进预算管理的重要手段，通过科学的评价结果，指导预算编制和执行，提高预算管理的科学性和合理性。各级财政部门和预算单位应将绩效评价结果作为预算调整和优化的重要依据，合理配置资源，确保资金使用的最大效益。绩效评价结果应及时反馈给各预算单位，帮助其分析问题、总结经验，制定切实可行的改进措施和行动计划，通过绩效评价结果的有效应用，能够不断优化预算管理流程，提高财政资金的使用效益和管理水平。

2. 推进绩效信息公开

推进绩效信息公开是实现绩效评价结果有效应用的重要途径，通过公开透明的信息披露，增强预算管理的透明度和公信力。各级财政部门应建立健全绩效信息公开制度，定期向社会公众公布绩效评价结果，接受公众监督。绩效信息公开的内容应包括绩效目标、评价指标、评价结果及改进措施等，确保信息的全面性和准确性，通过推进绩效信息公开，能够提高社会公众对预算管理的参与度和信任度，促进预算绩效管理工作的持续改进和优化。

3. 实施结果奖惩

实施结果奖惩是实现绩效评价结果有效应用的重要机制，通过奖优罚劣，激发各预算单位提高绩效管理水平的积极性和主动性。各级财政部门应根据绩效评价结果，制定明确的奖惩措施，对绩效优异的单位和个人给予奖励和表彰，对绩效不佳的单位和个人进行问责和惩戒。奖惩措施应具有明确的标准和操作规范，确保奖惩的公平性和公正性，通过实施结果奖惩，能够激励各预算单位不断提升绩效管理水平，确保财政资金的高效使用和管理。

（六）完善预算绩效管理的保障措施

完善预算绩效管理的保障措施是确保预算绩效管理工作顺利开展和持续改进的重要前提，通过系统的保障措施，提升绩效管理的整体水平和效果。各级财政部门和预算单位应加强预算绩效管理的制度建设，制定科学合理的管理制度和操作规范，确保各项工作有章可循。应注重预算绩效管理的队伍建设，培养和引进高素质的专业人才，提升绩效管理团队的整体素质和专业水平。应加大预算绩效管理的资金投入，提供必要的技术支持和资源保障，确保各项工作能够顺利开展。应强化预算绩效管理的内部控制和外部监督，确保绩效管理工作规范有序，及时发现和纠正存在的问题。

第三章 财政收入与支出

第一节 财政收入

一、财政收入概念和结构

（一）财政收入概念

财政收入是国家为满足社会公共需要，依据一定权力原则，通过国家财政集中的一定数量货币或实物资产收入。从本质上讲，财政收入体现国家同各种财政资金缴纳者之间的分配关系，它是实现国家的经济、政治职能的物质基础。

（二）财政收入结构

财政收入结构是指财政收入的各项来源及其在总收入中的比例和构成，了解财政收入的结构有助于分析财政政策的实施效果和政府收入的稳定性。

1. 从经济成分方面进行分析

从经济成分方面分析财政收入结构，可以分为国有经济收入、集体经济收入和私营经济收入。国有经济收入主要来源于国有企业的利润上缴和国有资产的收益。集体经济收入主要来源于集体所有制企业的利润和集体资产的收益。私营经济收入主要来源于私营企业和个体工商户的税收以及其他形式的收入。通过分析不同经济成分的财政收入，可以了解各类经济成分对财政收入的贡献，以及经济结构的变化对财政收入的影响。

2. 从经济部门方面进行分析

从经济部门方面分析财政收入结构，可以分为第一产业、第二产业和第三产业的财政收入。

(1) 来自第一产业的财政收入

第一产业主要包括农业、林业、牧业和渔业。来自第一产业的财政收入主要来源于农业税、林业税、牧业税和渔业税等税种，以及农产品和林产品的销售收入。分析第一产业的财政收入，可以了解农业和农村经济的发展情况，以及农业税收政策的实施效果。

(2) 来自第二产业的财政收入

第二产业主要包括工业和建筑业，来自第二产业的财政收入主要来源于企业所得税、增值税、消费税和资源税等税种，以及工业企业和建筑企业的利润上缴。分析第二产业的财政收入，可以了解工业和建筑业的发展情况，以及税收政策对工业和建筑业的影响。

(3) 来自第三产业的财政收入

第三产业主要包括服务业、金融业、批发和零售业等，来自第三产业的财政收入主要来源于服务业和金融业的营业税、增值税、企业所得税，以及批发和零售业的营业税和增值税等。分析第三产业的财政收入，可以了解服务业和金融业的发展情况，以及税收政策对服务业和金融业的影响。

3. 从地区构成上进行分析

从地区构成上分析财政收入结构，可以分为东部地区、中部地区和西部地区的财政收入。不同地区的经济发展水平和产业结构存在差异，导致财政收入的构成和比例也有所不同。东部地区经济发展较快，工业和服务业发达，财政收入主要来源于工业和服务业的税收和利润上缴。中部地区经济发展相对平稳，农业和工业并重，财政收入主要来源于农业税和工业税收。西部地区经济发展相对滞后，财政收入主要来源于农业税和少量的工业和服务业税收，通过分析不同地区的财政收入，可以了解区域经济发展和财政政策实施的差异，以及财政收入在区域间的分布情况。

4. 从中央财政收入和地方财政收入分析

从中央财政收入和地方财政收入分析财政收入结构，可以了解中央和地方政府在财政收入中的分配情况。中央财政收入主要包括中央政府征收的各类税收、国有资产收益和中央政府发行的债务收入等。地方财政收入主要包括地方政府征收的各类税收、地方国有资产收益和地方政府发行的债务收入等，通过分析中央财政收入和地方财政收入的构成和比例，可以了解中央和地方政府在财政收入中的地位和作用，以及财政分权和财权划分的实际效果。

5. 从国内财政收入和国外财政收入分析

从国内财政收入和国外财政收入分析财政收入结构，可以了解国家在国内外经济活动中的财政收入来源。国内财政收入主要包括国内征收的各类税收、国有资产收益和国内发行的债务收入等。国外财政收入主要包括从国外取得的税收、海外国有资产收益、国外援助和借款等，通过分析国内财政收入和国外财政收入的构成和比例，可以了解国家在国内外经济活动中的财政收入来源和依赖程度，以及国际经济环境对财政收入的影响。

二、财政收入形式

（一）财政收入形式的决定因素

财政收入形式是指国家取得财政收入所采取的方式。财政收入采取什么形式，取决于以下一些因素。

1. 取决于国家行使权力的不同身份

国家取得收入的身份是多方面的。一方面它是行使政治权力，执行社会管理职能的国家，以社会管理者身份，维持社会秩序，对经济进行宏观调控。它需要运用征税方式强制无偿地征收社会财富。另一方面，国家又是全民财产所有者，是行使全民财产所有权、执行资产管理职能的权威机关，行使对全民财产的占有、处分、使用和收益的职能，从而参与国有资产的投资收益分配，运用分红或收费形式集中财政收入。

2. 取决于国家特定经济目的任务

国家对国有资产收入的分配，可以采用利润上交、资金占用费、租金或分红等不同形式；文教卫生事业单位根据其主要为社会服务的经济特性，其财政收入形式为事业收入。又如，为资本性预算支出而运用国债形式。

3. 取决于经济管理体制和国家财权集中的程度

经济管理体制对于财政分配形式有直接的影响。一种经济管理体制，必须要求相应的财政管理体制与之相适应。财政管理体制中集权与分权的程度，要求与之相适应的财政收入形式。经济管理体制高度集中时，预算外资金为数甚少。在国家经济管理体制实行分权管理和财权下放的时候，预算外资金也随之增长。

（二）我国财政收入的形式

这里，我们主要按财政收入形式分类和当前政府收支分类科目的内容分类。

1. 按财政收入形式分类

按财政收入形式的分类，通常把财政收入分为税收收入和非税收入两大类，这种分类的好处是突出财政收入中的主体收入即税收。

（1）税收收入

税收收入是我国财政收入的主要形式，涵盖了各种税种，如增值税、企业所得税、个人所得税、消费税、关税等。税收收入具有强制性和固定性的特点，是政府为履行公共职能、提供公共服务而依法向公民和企业征收的经济资源。税收收入在国家财政收入中占据重要地位，确保了政府的正常运转和各项公共事业的发展。

（2）非税收入

非税收入是我国财政收入的重要组成部分，主要包括国有资产收入、债务收入和其他收入等形式。

①国有资产收入

国有资产收入是指政府通过经营和管理国有资产所取得的收入，国有资产包括国有企业的经营收益、国有土地使用权出让收入、国有资源的开发利用收入等。国有企业上缴利润、国有土地的出让金、矿产资源的使用费和特许权使用费等都属于国有资产收入的范畴。国有资产收入具有补充税收收入、提高财政收入多元化和稳定性的作用，为政府提供了重要的财政资源支持。

②债务收入

债务收入是政府通过发行债券等形式借入的资金，主要用于弥补财政赤字、进行基础设施建设和其他重大项目的资金需求。政府债务收入包括国债、地方政府债券、专项债券等。债务收入在短期内能够缓解财政资金紧张的问题，但需要合理控制债务规模和风险，确保债务的可持续性和安全性。债务收入具有融资规模大、筹资灵活的特点，为政府的重大项目和公共服务提供了重要的资金支持。

③其他收入

其他收入是指除税收收入和国有资产收入、债务收入以外的各类收入形式，其他收入包括罚款收入、捐赠收入、收费收入、彩票收入、基金收入等；罚款收入是政府对违法行为进行处罚所取得的收入，具有强制性和惩罚性。捐赠收入是社会各界自愿向政府提供的资金，主要用于公益事业和社会福利；收费收入是政府提供特定服务或许可时收取的费用，如行政事业性收费、公共服务收费等；彩票收入是通过发行彩票取得的资金，主要用于社会福利和公益事业；基金收入是指政府设立的各类专项基金的收入，如社保基金、住房公积金等；其他收入在财政收入中占比较小，但对于特定领域和项目的资金支持具有重要意义。

2. 按我国政府预算科目分类

（1）税收收入

税收收入按我国政府预算科目分类，可以细分为流转税类、所得税类、资源税类、特定目的税类和财产和行为税类等。

①流转税类

流转税类包括增值税、消费税和关税等，增值税是对商品和服务在生产、流通和消费环节中的增值部分征收的税种，是我国财政收入的重要来源。消费税是对特定消费品在生产、销售和进口环节征收的税种，主要用于调节消费结构和引导消费方向。关税是对进出口货物征收的税种，具有保护国内产业和调节进出口贸易的作用。

②所得税类

所得税类包括企业所得税和个人所得税，企业所得税是对企业的生产经营所得征收的税种，是企业税负的主要组成部分。个人所得税是对个人的工资薪金、财产转让、利息、股息等各种所得征收的税种，是政府调节收入分配、促进社会公平的重要手段。

③资源税类

资源税类包括对自然资源的开发和利用征收的税种，如矿产资源税、石油天然气资源税等。资源税旨在调节资源开发利用、保护环境和促进资源节约，是资源型财政收入的重要组成部分。

④特定目的税类

特定目的税类包括城市维护建设税、教育费附加等。城市维护建设税是对增值税、消费税和营业税纳税人征收的一种税种，用于城市基础设施的建设和维护。教育费附加是对增值税、消费税和营业税纳税人征收的一种附加税，用于教育事业的发展和建设。

⑤财产和行为税类

财产和行为税类包括房产税、土地增值税、契税、印花税等。房产税是对房屋产权所有人按房产价值或租金收入征收的税种。土地增值税是对土地使用权转让过程中取得的增值收益征收的税种。契税是对不动产产权转移过程中发生的交易行为征收的税种。印花税是对经济活动和经济交往中书立、领受的凭证征收的税种。

(2) 社会保障缴款

社会保障缴款是指政府为提供社会保障服务而向雇主和雇员征收的资金，包括养老保险费、医疗保险费、失业保险费、工伤保险费和生育保险费等。社会保障缴款是社会保障制度的重要资金来源，确保社会成员在年老、疾病、失业、工伤和生育等情况下获得基本生活保障。

(3) 非税收入

非税收入是政府财政收入的重要补充，主要包括行政事业性收费、罚没收入、国有资产收益、债务收入和其他收入等。行政事业性收费是政府为提供特定服务或许可时收取的费用。罚没收入是政府对违法行为进行处罚和没收财产所取得的收入；国有资产收益是政府通过经营和管理国有资产所取得的收入，包括国有企业利润上缴、国有土地使用权出让收入等；债务收入是政府通过发行债券等形式借入的资金，用于弥补财政赤字和重大项目的资金需求。其他收入包括捐赠收入、收费收入、彩票收入、基金收入等。

(4) 转移和赠与收入

转移和赠与收入包括经常性转移和赠与收入、资本性转移和赠与收入两项。

(5) 贷款回收本金和产权出售收入

贷款回收本金和产权出售收入包括国债转贷、国外借款转贷、国外贷款、产权出售四项。

(6) 债务收入

债务收入包括国内债务、国外债务两项。

三、国有资产收入

(一) 国有资产的概念

国有资产是指国家作为所有者,依法拥有并由国家机关、国有企事业单位或其他机构占有、使用和经营的各类资产。国有资产包括国有企业的生产经营性资产、国有自然资源、公共基础设施、国有金融资产等,国有资产在国家经济和社会发展中起着重要作用,是国家实施宏观调控、提供公共服务和实现国有资本保值增值的重要经济基础;国有资产收入是国家通过经营和管理国有资产所取得的各类收入,包括国有企业的利润上缴、国有土地出让金、资源开发收益等,构成了国家财政收入的重要组成部分。

(二) 国有资产分类

国有资产可以根据与社会经济活动的关系进行分类,主要分为经营性国有资产、非经营性国有资产和资源性国有资产。

1. 按与社会经济活动的关系分类

(1) 经营性国有资产

经营性国有资产是指由国家出资设立并由国有企业或国有控股公司经营管理的各类生产经营性资产,这类资产包括国有企业的厂房、设备、技术、商标、专利等,用于生产经营活动,目的是通过市场竞争获取经济效益。经营性国有资产的主要收入来源是企业的经营利润、股息和红利。经营性国有资产在国民经济中占有重要地位,能够为国家财政提供稳定的收入来源,并通过企业的发展和效益的提高,实现国有资本的保值增值。

(2) 非经营性国有资产

非经营性国有资产是指主要用于国家行政管理、国防建设和发展科技、文化、教育、生活、体育等各项社会事业,不以营利为目的的各项国有资产,如房屋、建筑物、设备等,主要存在于行政机关、事业单位、社会团体等非营利组织，是国家履行行政管理、国防，发展科教、文卫事业等职能的重要物质基础。

（3）资源性国有资产

资源性国有资产是指国家依据法律所拥有的能带来一定经济价值的各类自然资源，其种类繁多，既有地下资源也有地表资源，既有由光、热、风、气、雨等构成的气候资源也有太空资源，既有陆地资源也有海洋资源、大气资源等，既有生物资源也有非生物资源，既有可再生资源也有不可再生、不可永续利用的资源，既有主要形成生活资料的资源也有主要形成生产资料的资源。

2. 按管理体制和管理层次分类

按管理体制和管理层次，可以将国有资产分为中央国有资产和地方国有资产。

（1）中央国有资产

中央国有资产是由中央政府或其所属部门直接管理和控制的资产，包括中央国有企业、中央行政事业单位和中央金融机构的资产。这些资产主要由中央政府直接经营或通过授权机构进行管理，收入主要来源于中央国有企业的利润上缴、中央级国有土地使用权出让收入和资源开发收益等。

（2）地方国有资产

地方国有资产是由地方政府或其所属部门直接管理和控制的资产，包括地方国有企业、地方行政事业单位和地方金融机构的资产。这些资产主要由地方政府直接经营或通过授权机构进行管理，收入主要来源于地方国有企业的利润上缴、地方级国有土地使用权出让收入和地方资源开发收益等。

3. 按资产存在的形态分类

按资产存在的形态，可分为有形资产和无形资产。

（1）有形资产

有形资产具有价值实物形态，包括固定资产和流动资产。固定资产是指使用年限在一年以上，单位价值在规定限额以上的劳动资料，如机器设备、厂房、铁路、桥梁、机场、港口等。流动资产是指可以在一年内或长于一年的一个营业周期内变现或运用的资产，如现金、银行存款、短期投资、存货等。

(2) 无形资产

无形资产是指虽不具备独立的实物形态，但可以对生产经营持续发挥作用并能够带来经济利益的一切经济资源，如技术、专利权、商誉、版权、土地使用权，以及通过其他渠道拥有的特许权利等。

4. 按资产存在的地域分类

按资产存在的地域，可分为境内国有资产和境外国有资产。

(1) 境内国有资产

境内国有资产是指一国范围内或海关境内存在的所有形式的国有资产。

(2) 境外国有资产

境外国有资产是指一国在其他国家或本国海关境外存在的所有形式的国有资产。

(三) 国有资产的相关收入

1. 国有资产股利和红利收入

这种收入是国家凭借参与股份制经营的国有资产以股息和红利形式取得的股权收入，以股份有限公司为例，其分配顺序如下。

①弥补被没收的财产损失，支付各项税收的滞纳金和罚款。

②弥补亏损。

③提取法定盈余公积金。

④提取公益金。

⑤支付优先股股利。

⑥提取任意盈余公积金。

⑦支付普通股股利。

2. 国有资产租赁收入

(1) 租金的概念

租金是出租方将资产出租给承租人进行生产经营活动所得到的收益，它是承租人使用和支配属于全民所有的资产所付的代价。

(2) 租金的计算方法

①招标租金法，通过众多的投标者（承租人）之间的充分竞争，使租金定额不低于社会平均水平。

②二次租金法。第一次计租为第一阶段租金，时间可控制在一至两年。经过第一阶段的经营，效益达到一个正常水平后，再进行第二次计租，对第一次租金进行适当调整。

③租赁成本法。租赁成本法下租金的计算公式：

年租金＝（设备价值−估计残值＋占用应付利息＋上缴所得税＋交付的保险费＋出租者的预期利润）÷租赁年限

④浮动租金法。根据基数利润确定基数租金。实行租金随利润增长而按比例增长。

⑤资金利润率法。根据资产利润率确定资产租金率。资金利润率法下租金的计算公式：

租金＝有形资产总额×租金率＋无形资产租金

（四）国有资产管理

国有资产是国家赖以生存和发展的重要物质基础，任何社会形态下的国家都有一定量的国有资产，只是在不同性质的国家、不同的经济发展时期，由于国家宏观经济调控目标的不同，国家拥有的国有资产数量、范围和运作方式有所不同。在我国，搞好国有资产管理，充分发挥国有经济在国民经济中的主导作用，是发展社会主义市场经济和加强国家宏观经济调控的需要，也是从根本上扭转财政困境、增加财政收入的需要。

1. 国有资产管理的范围

国有资产管理的范围涵盖了所有由国家直接或间接拥有和控制的资产，包括但不限于国有企业、国有金融机构、国有基础设施、公共事业单位资产、自然资源和其他形式的国有资产。这些资产分布在各个经济领域和行业，包括工业、农业、服务业、交通运输、能源资源、教育、卫生等领域。国有资产管理的范围还包括国有资产的购置、使用、维护、经营、处置等各个环节，确保国有资产的有效利用和保值增值。

2. 国有资产管理的主要内容

国有资产管理贯穿于国有资产运转的整个过程，其具体内容包括以下几个方面。

(1) 国有资产投资管理

国有资产投资管理是指对国有资产的投资决策、资金筹措、项目实施和投资效益的管理和监督。国有资产投资应符合国家经济发展战略和产业政策，重点投向国家鼓励发展的行业和领域。投资管理的目标是实现国有资产的保值增值，提高国有经济的竞争力和影响力。投资管理的内容包括项目立项、可行性研究、资金筹措、投资决策、项目实施和后续管理等。

(2) 国有资产基础管理

国有资产基础管理是指对国有资产的购置、使用、维护和更新等基础性管理工作，基础管理的目标是确保国有资产的合理配置和有效使用，延长资产的使用寿命，提高资产的使用效益。基础管理的内容包括资产购置计划、资产使用管理、资产维护保养、资产更新改造等，通过科学的基础管理，能够确保国有资产的良好运行状态和可持续发展。

(3) 国有资产处置管理

国有资产处置管理是指对不再使用或不适合继续使用的国有资产进行处置的管理工作，处置管理的目标是盘活存量资产，优化资产配置，提高资产利用效率。处置管理的内容包括资产清查、资产评估、资产转让、资产报废等。处置管理应严格按照国家有关法律法规和政策规定进行，确保处置过程的公开、公正、透明，防止国有资产流失。

(4) 国有资产经营的管理

国有资产经营的管理是指对国有企业和其他经营性国有资产的经营活动进行管理和监督，经营管理的目标是提高国有企业的经济效益和市场竞争力，实现国有资本的保值增值。经营管理的内容包括企业经营战略制定、经营计划执行、经营绩效考核、利润分配等，通过科学的经营管理，能够充分发挥国有经济在国民经济中的主导作用，促进经济社会的协调发展。

(5) 国有资产占有权的管理

国有资产占有权的管理是指对国有资产的所有权、使用权和收益权等占有权利进行管理和保护，占有权管理的目标是确保国有资产的合法占有和有效使用，防止资产侵占和流失。占有权管理的内容包括资产登记、资产确权、资产保护等，通过严格的占有权管理，能够维护国家对国有资产的所有权和控制权，保障国有资产的安全和完整。

（6）国有资产的统计和核算

国有资产的统计和核算是指对国有资产的数量、质量、价值等相关信息进行统计和核算的工作，统计和核算的目标是提供全面、准确的国有资产数据，为国有资产管理和决策提供依据。统计和核算的内容包括资产台账建立、资产盘点、资产评估、资产报表编制等，通过科学的统计和核算，能够全面掌握国有资产的状况，提升国有资产管理的科学性和规范性。

（7）国有资产的评估

国有资产的评估是指对国有资产的市场价值和经济效益进行评估的工作，评估的目标是为国有资产的购置、使用、处置、经营等提供科学的价值依据，确保国有资产的保值增值。评估的内容包括资产价值评估、资产效益评估、资产风险评估等，通过专业的资产评估，能够准确反映国有资产的实际价值，提升国有资产管理的透明度和公信力。

四、国债收入

（一）国债的概念

国债是指国家为了满足财政支出需要，以政府信用为基础，向社会公众或特定机构借入资金所形成的债务。国债的发行是政府筹集财政资金的一种重要手段，通过发行国债，可以弥补财政赤字，筹措重大项目建设资金，调节经济和货币政策，实现国家宏观经济目标。

1. 国债的含义

国债是国家以债务形式筹集的资金，承诺在未来特定时间内偿还本金并支付利息。国家通过发行国债，可以向国内外投资者借款，用于支持政府的各项财政支出和经济发展计划。国债的发行主体通常是中央政府，但地方政府也可以依法发行地方债。

2. 国债的特点

国债与其他财政收入相比，具有以下一些特点。

(1) 有偿性

有偿性是指国家发行国债需要在约定的期限内偿还本金并支付利息,与税收收入不同,国债资金具有偿还义务,政府必须在到期时按照承诺支付本息。有偿性使得国债成为一种负债形式,政府需要合理规划债务的偿还计划,确保财政的可持续性和稳定性。

(2) 自愿性

自愿性是指投资者购买国债是出于自愿,政府并不强制要求任何个人或机构购买国债。投资者根据自身的投资需求和风险偏好,选择是否购买国债。国债的自愿性使得其具有市场化特征,通过市场机制实现资金的筹集和配置,提高资金使用效率和市场调节作用。

(3) 灵活性

灵活性是指国债发行的品种、期限和利率可以根据市场需求和国家宏观经济政策的需要进行调整。政府可以发行短期、中期和长期国债,以满足不同期限的资金需求;可以根据市场利率水平和经济状况,灵活调整国债利率。灵活性使得国债成为政府调节经济、稳定金融市场的重要工具,可以有效应对各种经济波动和财政需求。

(二) 国债的种类

为了便于认识国债的特点并进行有效管理,可以从不同角度将国债加以适当分类。

1. 以发行地域为标准分类

以发行地域为标准分为国内债和国外债。政府在国内发行的债称为国内债,国内债的债权人主要是本国企事业单位、金融机构和居民个人。政府在国外发行的国债称为国外债,国外债的债权人主要是国际组织、外国政府、公司、金融机构和居民个人。

2. 以举债形式为标准分类

以举债形式为标准可以将国债分为实物债和现金债。实物债是指政府以物资或特定产品作为偿债依据的债务形式,通常用于特定项目的资金筹集。现金债是指政府以货币形式发行和偿还的债务,适用于一般财政支出的资金筹集。实物债能够有效保障特定项目的实施，而现金债则具有更高的流动性和使用灵活性。

3. 以偿还期限为标准分类

以偿还期限为标准可以将国债分为短期债、中期债和长期债。短期债是指偿还期限在一年以内的债务，主要用于调节财政短期资金需求，利率较低；中期债是指偿还期限在一至十年的债务，适用于中期财政资金的筹集，利率适中；长期债是指偿还期限在十年以上的债务，主要用于大型基础设施建设和长期项目的资金筹集，利率相对较高。不同期限的国债能够满足政府在不同时间范围内的资金需求，确保财政资金的合理配置和使用。

4. 以国债的流动性为标准分类

以流动性为标准可以将国债分为可流通债和不可流通债。可流通债是指可以在证券市场上自由买卖、转让的债券，具有较高的流动性，有助于吸引更多投资者参与，提升市场活跃度。不可流通债是指只能在特定条件下进行交易或转让的债券，流动性较差，主要用于特定投资者或特定项目的资金筹集。可流通债能够提供更大的灵活性和市场操作空间，而不可流通债则能够确保特定资金的稳定性和安全性。

5. 按发行单位分类

按发行本位分为货币国债和实物国债。货币国债就是国债券面价值按货币计算，不论物价涨落，均按券面货币价值和规定利息率计算还本付息。实物国债是国债券面价值按一定实物标准计算，偿还时根据物价变动情况折算为一定货币量偿还。这种形式能保证国债购买者不因物价上涨而蒙受损失，一般在价格不稳定的条件下采用。

（三）国债的经济效应

政府发行国债必然对经济会产生一些影响。下面以国债为例，进行详细介绍。

1. 国债的资产效应

国债的资产效应指的是国债在金融市场上作为一种投资工具，对资产组合和资产市场的影响。国债具有较高的安全性和流动性，是投资者进行资产配置的重要选择，通过购买国债，投资者可以降低投资风险，分散投资组合。国债的发行增加了市场上的安全资产供应，投资者可以利用国债来调整其资产组合的风险和收益结构，提高投资组合的稳定性和回报率。国债的存在为金融市场提供了一个重要的基准利率，有助于市场利率的形成和金融市场的稳定。

2. 国债的需求效应

国债会影响需求总量和结构，社会总需求是指有支付能力的需求，如果货币供给量增加，社会需求总量也会扩大。凡是国债运行带来货币供给量增加，都会增加社会需求总量。一般来说，中央银行购买国债会叠加在原有总需求之上扩张总需求。而商业银行或居民个人购买国债，通常只是购买力的转移或替代，不会产生增加货币供应从而扩张总需求的效应。

从对需求结构的影响看，在国债使用中如果新增加了社会需求，则会改变原来社会需求结构状态。而政府通过发行国债，把部分货币购买力由私人部门转移到政府部门，这本身就会改变公共部门和私人部门的需求结构。如果国债资金来源于私人部门的投资资金，当政府把这部分资金用于投资时，就会把私人部门的投资需求转化为公共部门的投资需求；当政府把这部分资金用于消费时，就会把私人部门的投资需求转化为公共部门的消费需求。如果国债资金来源于私人部门的消费资金，当政府把这部分资金用于投资时，就会把私人部门的消费需求转化为公共部门的投资需求；当政府把这部分资金用于消费时，就会把私人部门的消费需求转化为公共部门的消费需求。可见国债对需求结构的影响还要取决于国债资金的来源性质与使用方向。

3. 国债的供给效应

国债的供给效应指的是国债对社会总供给和供给结构的影响，政府通过发行国债筹集资金，可以用于基础设施建设、科技研发、教育和公共卫生等领域的投资，增加社会总供给。这些公共投资有助于提高社会生产能力，促进经济增长。国债资金的使用还可以引导资源配置，优化产业结构，推动经济结构转型升级。

国债的供给效应还包括对私人投资的挤出效应，当政府大量发行国债时，会吸引部分原本用于私人投资的资金，导致私人投资减少。这种情况下，国债的发行可能会对总供给产生一定的负面影响。因此，政府在发行国债时需要综合考虑国债对公共投资和私人投资的影响，确保国债资金的合理使用，避免对私人投资产生过大的挤出效应。

国债对经济的供给效应还表现在促进技术进步和创新方面，政府通过发行国债筹集资金，支持科技创新和研发活动，可以加速技术进步，提高全社会的生产效率和竞争力。这些投资不仅增加了当前的社会总供给，还为未来的经济增长打下了坚实基础。

（四）国债的功能

国债作为一种重要的财政工具，具有多种功能，为国家经济和社会发展提供了重要支持。以下从弥补预算赤字、筹集建设资金和调控经济运行三个方面详细探讨国债的功能。

1. 用于弥补预算赤字

弥补预算赤字是国债的重要功能之一，当政府的财政支出超过财政收入时，会出现预算赤字。为了解决财政资金的短缺问题，政府可以通过发行国债筹集资金，以弥补预算赤字。发行国债是一种较为灵活和有效的融资手段，可以在短期内迅速筹集到所需资金，确保政府各项支出的顺利进行。国债的发行不仅可以解决财政资金的短缺问题，还可以稳定财政状况，增强政府的财政能力和信用。

发行国债用于弥补预算赤字还具有分散财政压力的作用，通过发行国债，政府可以将当前的财政压力分摊到未来几年，使得财政支出更加平稳和可持续。国债的有偿性和长期性特征，使得政府在筹集资金时，不必立即偿还本息，可以在未来财政状况好转时逐步偿还。这种分期偿还的方式，可以有效缓解财政资金的压力，确保政府的财政稳定和经济发展。

2. 筹集建设资金

筹集建设资金是国债的另一重要功能，国家在进行基础设施建设、科技研发、教育和公共卫生等重大项目时，往往需要大量的资金投入，通过发行国债，政府可以筹集到所需的建设资金，支持各类公共项目的顺利实施。国债的发行可以为国家的基础设施建设提供稳定的资金来源，推动经济发展和社会进步。

发行国债筹集建设资金还具有引导社会资源配置的作用，政府通过发行国债，可以将社会闲置资金引导到国家重点建设项目中，实现资源的有效配置。国债资金的投入，可以带动相关产业的发展，促进经济结构的优化和升级。基础设施建设和科技研发等项目的实施，不仅可以提高社会生产力和竞争力，还可以为未来的经济增长提供持续的动力。

国债筹集的建设资金还可以用于社会福利和公共服务的改善，通过发行国债筹集资金，政府可以增加对教育、医疗、社会保障等领域的投入，提高公共服务水平和社会福利。国债资金的使用，可以促进社会的公平和进步，提高人民群众的生活质量和幸福感。

3. 调控经济运行

调控经济运行是国债的重要宏观经济功能，国债作为一种重要的财政政策工具，可以通过调整国债的发行和使用，对经济运行进行调控。在经济过热时，政府可以减少国债发行，控制货币供应量，防止经济过热和通货膨胀。在经济不景气时，政府可以增加国债发行，扩大财政支出，刺激经济增长和就业。

国债的调控作用还体现在稳定金融市场和调节利率水平上。国债市场作为金融市场的重要组成部分，其运行情况直接影响市场利率和金融稳定。政府通过发行和回购国债，可以调节市场利率，稳定金融市场。国债的高流动性和低风险特征，使其成为金融市场上的重要投资工具，吸引了大量投资者参与。国债市场的稳定运行，有助于维护金融市场的稳定和健康发展。

调控经济运行还包括对货币政策的配合和支持。国债的发行和使用，可以配合中央银行的货币政策，达到控制货币供应量和调节经济活动的目的。中央银行通过公开市场操作购买或出售国债，可以直接影响市场利率和货币供应量，实现宏观经济调控的目标。国债的调控作用，为国家的宏观经济管理提供了重要手段，有助于实现经济的稳定和可持续发展。

五、财政收入原则

财政收入原则是指国家取得财政收入，应遵循的基本方针和指导思想或称总政策，财政收入原则就是与生财之道和用财之道紧密联系的聚财之道。财政收入原则解决向谁收、收多少、怎样收的根本问题。财政收入原则的确定，必须体现和服从于正确处理财政与经济的关系。

（一）发展经济、广开财源

发展经济，广开财源，就是在组织财政收入时，必须从发展经济出发，并在经济发展的基础上扩大财源，大力组织收入。

生产决定分配，经济决定财政。财政与经济的关系，就像水与源、叶与根的关系，源远才能流长，根深方能叶茂。但财政并不仅仅是经济的被动反应，它还能动地反作用于经济，财政政策、财政法规极大地影响经济发展。组织财政收入，必须把立足点放在发展经济的基础上，审时度势，与时俱进，制定正确的财政政策法规，充分发挥财政职能，从宏观上调控经济，微观上激活经济，努力促进经济的发展。财政收入工作绝不能就财政论财政，单纯在收入问题上打圈子，而必须走发展经济的道路。发展经济，广开财源，有以下途径。

1. 提高经济效益

提高经济效益，是开拓财源、增加财政收入的根本途径，通过改进技术和管理，广泛提高劳动生产率，提高产品质量，打开市场，优质优价，可以降低物化劳动，从而大大提高盈利水平，经济组织中的亏损也会大为减少。这些都进一步扩大了税基，因而促进了财政收入更快增加。

2. 优化经济结构

优化经济结构，增强经济活力，增加财源。市场经济是高度社会化大生产经济，各部门、各地区紧密相连，供给结构与需求结构紧密相连，只有各产业部门的相互配合，才能形成国民经济的良性循环。必须增加经济中薄弱环节的投资，在财政税收政策上给予支持；必须压缩长线产品的生产，从财政税收政策上给予限制。

3. 提高规模效益

提高规模效益，开拓财源。单纯地扩大生产规模只能导致财政收入的同步增长。而在增加高新技术含量、生产要素优化组合、专业化优势互补、竞争优势加强前提下的扩大生产规模，将会导致经济效益的提高，从而增加税基，导致财政收入的加速增长。

（二）正确处理三者利益关系

正确处理国家、经济组织和个人三者之间利益的分配关系，必须正确确定财政收入在国民收入中的比重，也就是要兼顾需要与可能，确定合理的征收量度。

财政占国民收入的比重是由以下一些因素决定的。

第一，财政作为国家发挥职能的财力后盾，其占国民收入的比重是由国家承担的社会管理和经济管理职能大小决定的。国家承担的经济和社会发展任务的大小和财政支出的多少，直接决定财政收入的多少。

第二，生产力的发展水平和国民收入的增长速度，对财政收入比重有重大制约作用。财政收入来源于国民收入，主要来源于剩余产品的价值。生产力发展水平高，意味着国民收入中的剩余产品率高，因而可以提供比重更大的财政收入。国民收入增长速度快，意味着在保证劳动者生活水平提高的基础上，可以提高财政收入的增长速度。

（三）效率原则

效率是指投入与产出或费用与所得之比较。财政收入的效率原则要求：征收费用最小；纳税费用最小；社会经济受益最大。

1. 征收费用最小

征收费用是税务机关为征税而支付的一切稽征管理费用。如果征收机构组织精干而办事效率高，征收费用就低，反之则高。

2. 纳税费用最小

纳税费用是纳税人为奉行税法而引起和承担的各种有形和无形的负担。例如利用会计师的咨询服务，给如何纳税提供计算方案，因而出一笔咨询费。还包含着纳税人时间上的耗费，例如填一张内容复杂难以了解的报税单，搜集完备的有关资料等，都需要多花时间乃至相应的费用，而农村纳税人到距离较远的指定纳税地点去交税还要遭受误工损失。任何给纳税人造成的不便之处，都应该尽力缩小。

3. 社会经济受益最大

财政收入政策应有利于社会资源配置，也就是说应对薄弱环节实施优惠的政策，对过剩的产业部门则实行限制性政策，对市场机制正常运转的环节则实行中性税收政策，以此促进国民经济良性循环，取得最大的社会经济效益。国家在制定税收政策达到某一主要目标时，总是以牺牲某一方面利益为代价的，因此应当把这种牺牲的代价压缩到最低限度。

(四）公平原则

1. 公平原则的概念

财政收入公平原则是指从维护经济公平和社会公平的要求出发，使财政负担公平地归于各经济组织和个人身上。

经济公平是指人们在经济竞争中平等分配的权利，这里通行着商品等价交换的原则；社会公平是指人们在分配中的差距应当有一定程度，以有利于社会的稳定与发展。

2. 财政收入公平原则的重要意义

（1）公平是市场竞争的条件

经济的内在规律是价值规律，它支配着商品经济活动的全部过程。价值规律要求劳动的等价交换。商品价值的实现、投资的转移，都在公平的基础上开展竞争，要求公平地纳税、公平地享受自然资源和社会资源。

（2）公平是实现财政职能的基本前提

财政收入是否贯彻公平原则，表明财政收入是否具备普遍性，是否能负担。从普遍性来说，是对一切具备能力的单位和个人都要纳税，从而使得国家财政收入具有广泛的基础。从量能负担来说，是根据能力上缴财政收入，有利于培养财源，增加财政收入。

3. 财政收入公平的标准

可以从三方面来认识财政收入公平的标准。

（1）以费用为标准

按国家为纳税人提供劳务的成本、费用分摊税费，如车船税、航道养护费、公路养路费等，即费用原则。

（2）以利益为标准

按纳税人所享受国家利益决定税负，如城镇土地使用税、资源税，与纳税人所享受的级差收入相适应，即受益原则。

（3）以能力为标准

按纳税人能力决定税负，即量能负担原则。

量能负担征税，是指具有相同负担能力者纳同样的税即横向公平；具有不同负担能力的人纳不同的税即纵向公平。负担能力强的人纳税能力强于负担能力弱的人。从流转税、财产税、所得税三种征税对象相比较，最终反映负担能力的还是纳税人的所得，即纳税人总收入减除成本、费用后的余额，它表明一个经济组织或自然人的纯收益的份额。量能负担征税必然选择合适的税率。不同收入对于纳税人来说，其边际效应是不同的，即一个富人和一个穷人所拥有的一元钱的效用是不同的。对一个富人和一个穷人征收同一比例税收其边际牺牲又是不同的。只有对所得征收累进税，才能使高收入纳税人和低收入纳税人的边际牺牲相等。从量能负担来看，最好的方法莫过于实行普遍的累进所得税。但财产和消费水平，也不失其为量能负担的一个标准。一个居民，拥有财产越多，表明其纳税能力越大。消费越大，表明其收入越多，理应负担更多的税。

4. 正确处理效率与公平的矛盾

公平与效率向来是一对矛盾，尽管有出现既有利于效率，又有利于公平的情况，但更多的是在经济效率和收入公平分配之间存在着一种交换关系，人们追求效率，则牺牲了社会公平；追求社会公平，则牺牲了效率。因而，公平与效率成为经济学中的两难选择。

但公平与效率之间也有统一性，在公平分配方面，运用财政政策，提供公平的竞争环境，调节收入差距，有利于提高劳动积极性，从而有利于效率提高；而效率的提高反过来又是社会公平所必要的物质条件：在一个物质匮乏的社会，难以提供条件对贫困者进行救助。而生产效率的提高，社会剩余产品的积蓄，将为解决社会公平提供资金积累，为消灭社会贫困提供保证。

公平与效率之间的统一性，要求财政在贯彻公平与效率原则时，必须二者兼顾。我国是一个发展中国家，生产力还不发达，在贯彻这两个原则时，应坚持效率优先、兼顾公平的原则。具体执行，应运用财政税收政策，促进经济发展。依法保护合法收入，允许和鼓励一部分人通过劳动和合法经营先富起来，允许和鼓励资本、技术等生产要素参与收益分配。取缔非法收入，对侵吞公有财产和采用偷税、逃税等非法手段牟取利益的，依法惩处。调节过高的个人收入，完善个人所得税制，开征遗产税等新税种。运用社会保障体系，对低收入者进行补贴。

第二节　财政支出

一、财政支出概述

（一）财政支出概念

市场只适用于提供私人产品和服务，对提供公共产品是失效的，弥补市场失效、为社会提供公共产品恰恰是政府的首要职责。财政支出又称为预算支出，是指国家为实现其各种职能，由财政部门按照预算计划，以各级政府的事权为依据所进行的财政资金的分配活动，集中反映了政府的职能范围以及所发生的耗费。

财政支出要解决的是由国家支配的那部分社会财富的价值如何安排使用的问题。财政支出是政府施政行为选择的反映，体现着政府政策的意图，代表着政府活动的方向和范围，是政府重要的宏观经济调控手段。通过财政支出，能够为国家政权建设提供物质基础；能够直接或间接地对资源进行配置，弥补市场机制的不足，实现资源的合理配置，促进国民经济持续、稳定、健康地发展。

（二）财政支出的范围

财政支出是政府为了满足公共需要，通过财政预算安排，对公共资源进行合理配置和分配的活动。财政支出的范围广泛，涵盖了政权建设、公益性事业发展、再分配转移支付和公共投资等多个领域。

1. 政权建设领域

政权建设领域的财政支出主要用于保障国家机关和行政机构的正常运转，包括立法、司法、行政等各级政府部门的日常开支。这类支出确保了国家治理体系的有效运作，为社会的稳定和发展提供了必要的制度保障。具体支出项目包括政府人员工资、办公经费、行政管理费用和公务活动支出等。

2. 公益性事业发展领域

公益性事业发展领域的财政支出旨在促进社会公共福利和公共服务的提升，

可以划分为提供纯公共产品、提供准公共物品和提供私人产品三个类型。

(1) 提供纯公共产品的事业领域

提供纯公共产品的事业领域主要包括国防、公共安全、环境保护等方面的财政支出。纯公共产品具有非排他性和非竞争性，市场无法有效提供，因此需要政府通过财政支出予以保障。例如，国防支出用于维护国家安全和领土完整，公共安全支出用于维护社会治安和保障公民安全，环境保护支出用于改善生态环境和治理污染。

(2) 提供准公共物品的事业领域

提供准公共物品的事业领域主要包括教育、医疗卫生、公共交通等方面的财政支出，准公共物品具有一定的非排他性和非竞争性，但也可以通过市场机制部分提供。政府在这些领域的财政支出旨在弥补市场失灵，保障基本公共服务的公平性和普惠性。例如，教育支出用于保障各级各类教育的普及和发展，医疗卫生支出用于提高公共卫生服务水平和医疗保障能力，公共交通支出用于建设和维护公共交通设施。

(3) 提供私人产品的事业领域

提供私人产品的事业领域主要包括某些特定的公共服务和社会福利项目，这些项目可以通过市场提供，但为了实现社会公平和公共利益，政府予以财政支持。例如，保障性住房支出用于解决低收入家庭的住房问题，社会救助支出用于帮助困难群体和特殊人群，文化体育支出用于丰富人民群众的精神文化生活。

3. 再分配转移支付领域

再分配转移支付领域的财政支出主要用于通过财政手段实现收入再分配和社会公平，确保各类社会群体共享经济发展成果。再分配转移支付包括社会保险、社会救济、扶贫救助和其他形式的社会福利支出。例如，社会保险支出包括养老金、失业保险和医疗保险，保障了社会成员在年老、失业和患病等情况下的基本生活。社会救济和扶贫救助支出用于帮助贫困人口和困难家庭，减少贫富差距，促进社会和谐。

再分配转移支付还包括对地方政府的财政转移支付，旨在均衡区域间的财力差距，促进区域经济协调发展。中央政府通过一般性转移支付和专项转移支付，为经济欠发达地区提供资金支持，保障地方政府基本公共服务的均等化，提高区域整体发展水平。

4. 公共投资支出领域

公共投资支出领域的财政支出主要用于国家和地方各级政府的基础设施建设和公共项目投资，促进经济发展和社会进步。公共投资支出包括交通运输、能源、水利、信息通信等基础设施建设支出，以及科技创新、环境保护、城市建设等公共项目支出。例如，交通运输支出用于建设和维护公路、铁路、港口、机场等交通设施，能源支出用于发展清洁能源和提高能源利用效率，水利支出用于水资源管理和防洪抗旱。

公共投资支出还包括政府对科技创新和研发的投入，支持高新技术产业的发展，提升国家的科技竞争力。政府通过财政资金支持科研机构、高校和企业的科技创新活动，促进科技成果转化和应用，为经济转型升级提供动力。

公共投资支出在促进经济增长、提高社会福利和改善民生方面发挥着重要作用。政府在制订并实施公共投资计划时，应注重科学规划和合理布局，确保投资项目的经济效益和社会效益，实现财政资金的高效利用。

（三）我国财政支出原则

1. 量入为出原则

量入为出原则指在财政收入总额既定的前提下，按照财政收入的规模确定财政支出的规模，支出总量不能超过收入总量。这是由物质总量平衡的客观要求决定的。财政收入代表着可供财政支配的商品物资量，财政支出则形成对商品物资的购买力。只有坚持量入为出的原则，才能保证财政支出形成的购买力与可供财政支配的商品物资之间形成平衡。具体来说，在进行预算安排时，根据财力的可能，区分轻重缓急，有计划地安排力所能及的事情，根据收入增长安排支出增长，把支出增长的总量控制在收入增长的总量范围之内，并在预算中留有适当的后备。

2. 统筹兼顾，合理安排

正确处理积累性支出与消费性支出、生产性支出与非生产性支出、简单再生产与扩大再生产、不同地区的投资及其比例关系，实现财政支出结构的最优组合，以促进国民经济的协调、均衡、可持续发展。通过财政支出的合理安排，引导全社会资金、技术、人才、劳动力的流向，实现全国生产力的合理布局服务。

3. 公平与效率原则

公平与效率原则强调财政支出应兼顾社会公平和经济效率，在分配资源时既要考虑公平合理，又要注重提高效率。财政支出在公共服务、社会保障、教育、医疗等方面，应注重公平性，保障社会弱势群体的基本生活和公共服务需求。在促进经济发展的支出中，应注重效率，确保资金使用的经济效益和社会效益最大化。公平原则要求财政支出应体现社会公正，缩小贫富差距，保障各类人群的基本权益。效率原则要求财政支出应科学合理，避免浪费和低效，提升资金使用的效果和价值。实现公平与效率的统一，是财政支出管理的重要目标。

二、财政支出分类

（一）按国家职能分类

财政支出反映了政府的职能范围，财政支出结构和政府职能存在着密切的对应关系。政府职能一般可分为经济管理职能和社会管理职能，那么财政支出也可分为经济管理支出和社会管理支出。经济管理支出主要包括经济建设费，社会管理支出主要包括社会文教费、国防费、行政管理费和其他支出四大类。

1. 经济建设费

经济建设费是财政支出中用于支持国家经济建设和发展的资金，包括基础设施建设、工业和农业发展、能源资源开发等方面的支出。此类支出旨在促进国家经济增长、提升产业竞争力和推动区域经济协调发展。长期以来，经济建设费在我国财政支出中占据重要地位，但随着市场经济体制的不断完善，经济建设费的比重呈现出下降趋势。

2. 社会文教费

社会文教费是财政支出中用于支持社会事业发展的资金，包括教育、文化、科学、卫生等领域的支出。此类支出旨在提高国民素质、促进文化繁荣和科技进步、保障人民健康。社会文教费在财政支出中的比重随着经济社会的发展和人民生活水平的提高，呈现出不断上升的趋势，通过增加对社会文教事业的投入，政府能够提高公共服务水平，满足人民群众日益增长的精神文化需求。

3. 国防费

国防费是财政支出中用于保障国家安全和国防建设的资金，包括国防科研、武器装备采购、军队建设和国防教育等方面的支出。此类支出旨在增强国家的国防实力，维护国家主权、安全和领土完整。国防费的合理安排和使用，对保障国家安全和促进和平稳定发展具有重要意义。

4. 行政管理费

行政管理费是财政支出中用于保障政府机关正常运转的资金，包括政府人员工资、办公经费、行政管理费用和公务活动支出等。此类支出旨在确保国家行政机关高效运转，提高政府管理水平和行政效率。随着社会管理职能的不断加强，行政管理费在财政支出中的比重逐步上升，以适应政府管理和公共服务的需要。

5. 其他支出

其他支出包括国家财政用于社会保障的支出、财政补贴和对外援助支出等。

按国家职能对财政支出进行分类，能够清楚地揭示国家执行的职能及其侧重点。长期以来，我国经济建设费是最大的财政支出项目，但随着我国市场经济体制的不断完善，我国的经济建设费所占比重呈现出不断下降的趋势，而社会文教费、行政管理费和其他支出一直在稳定上升。从中我们可以看到，我国政府的职能正在由经济管理职能向社会管理职能进行转变。

（二）按经济性质分类

1. 购买性支出

购买性支出又称消耗性支出，是指政府以按照等价交换原则购买为实现国家各种职能所需的商品和劳务的支出。主要包括行政管理费、国防费、社会文教费、各项事业费和基本建设拨款等。购买性支出的特点如下。

（1）等价有偿性

政府在购买性支出中从事的是等价交换的市场活动，付出资金，要求相应地取得商品和服务。

（2）对经济的影响具有直接性

在购买性支出活动中，政府作为商品和服务的需求者，通过购买活动，与微观经济主体进行交易，通过增加当期的社会购买力，直接影响社会生产、就业和社会总需求。

2. 转移性支出

在财政科目上转移性支出主要包括社会保障支出、财政补贴、税式支出、捐赠支出和债务利息支出等项目。转移性支出的主要特点如下。

（1）无偿性

政府在将财政资金转移给居民和其他受益者时，并不直接获得相应的商品和劳务等经济补偿，是价值的单方面转移，这种转移更有利于国民收入分配的公平化和合理化。

（2）对经济影响具有间接性

从财政支出对资源配置的影响看，转移性支出并不直接形成新的社会产品价值，仅仅是重新调整了市场经济中形成的收入分配格局，转移性支出对经济的影响是间接的。

（三）按财政支出产生效益的时间分类

财政支出可以根据其效益产生的时间进行分类，主要分为经常性支出和资本性支出。

1. 经常性支出

经常性支出是指政府为了维持日常运转和提供公共服务所必须的支出。这类支出具有周期性和持续性，包括政府人员的工资福利、办公费用、公共服务费用等。经常性支出直接影响政府的日常管理和公共服务质量，是确保政府各项职能正常运转的重要保障。由于其具有周期性特点，经常性支出需要在每年的财政预算中予以充分考虑和安排。

2. 资本性支出

资本性支出是指政府为了进行基础设施建设、公共项目投资等长远性、战略性投资所进行的支出。这类支出具有长期性和投资性的特点，通常用于基础设施建设、科技创新、教育卫生等领域。资本性支出不仅能够促进经济增长，提高社会生产力，还可以改善民生，提升公共服务质量。由于其具有投资性特点，资本性支出需要科学规划和合理安排，以确保投资的效益和效果。

（四）按财政支出用途分类

财政支出按用途分类，可分为公共部门的消费性支出、公共部门投资、补贴支出、经常拨款、资本转移支出、债务利息支出、对私营部门及国外的贷款。

1. 公共部门的消费性支出

公共部门的消费性支出是指政府为维持公共服务运转和提供基本公共服务所进行的支出，包括政府日常运营费用、公共服务费用等。这类支出直接关系公共服务的质量和效率，确保政府能够正常履行职能，满足社会公共需求。

2. 公共部门投资

公共部门投资是指政府在基础设施建设、公共服务设施建设等方面的投资支出，包括交通、能源、水利、教育、医疗等领域的投资。这类支出具有长期性和战略性，能够促进经济发展，提高社会生产力，改善民生和公共服务质量。

3. 补贴支出

补贴主要包括各级政府无偿给予的补助性支出，这种支出一般通过弥补亏损、提供补助的方式进行，以达到某种政策性的目的。

4. 经常拨款

经常拨款是指政府给予个人的款项的拨付，主要包括养老金、失业救济金和贫困救助等社会保险及社会福利性支出，给予外国的开发性援助也往往包括在此类支出中。

5. 资本转移支出

资本转移支出是指中央和地方政府给予国内及国外私营部门的无偿投资性支出。

6. 对私营部门及国外的贷款

对私营部门及国外的贷款包括本国政府对国内私营部门、外国各种机构的商业性贷款。

上述财政支出分类中，公共部门的消费性支出和投资性支出两项，表明政府对社会经济资源的占用和耗费；补贴支出、经常拨款、资本转移支出和债务利息支出等项目，表明了政府的转移性资金支付；对私营部门及国外的贷款，则反映了政府的金融中介作用。

三、财政支出规模分析

(一) 财政支出规模的含义

财政支出是社会总资源配置的有机组成部分，支出规模是否恰当，不仅直接影响着政府职能的是否实现，而且影响着社会资源配置的优化程度，以及社会再生产能否持续、稳定发展的问题。研究财政支出，必须对财政支出的规模加以研究。

财政支出规模是一定财政年度内政府安排的财政支出的总额。作为考察政府活动规模和满足公共需要能力的重要指标，它反映了政府在一定时期内集中支配使用的社会资源量。财政支出规模有广义和狭义之分，狭义的财政支出规模是指政府预算中财政支出的规模；广义的财政支出规模是指政府安排的所有财政支出。在大多数国家，政府支出都必须列入预算管理。

(二) 财政支出规模的衡量

财政支出规模的衡量是评价政府财政政策和财政管理效果的重要手段，通过对财政支出规模的科学衡量，可以全面了解政府财政支出的实际状况，评估其对经济和社会发展的影响，指导财政政策的调整和优化。衡量财政支出规模主要采用绝对指标和相对指标两类。

1. 衡量财政支出规模的指标

(1) 绝对指标

绝对指标是指用具体数值表示财政支出的规模，主要包括财政支出总额和人均财政支出等。财政支出总额是指在一定时期内，政府用于各项财政支出的总量，是衡量财政支出规模的基本指标。人均财政支出是指财政支出总额除以人口总数，反映了政府在公共服务和社会福利方面的投入水平。绝对指标能够直观地反映财政支出规模的大小，为分析和比较不同地区、不同时期的财政支出状况提供基础数据。

(2) 相对指标

相对指标是指用比例或百分比表示财政支出的规模，主要包括财政支出占 GDP 的比重和财政支出占财政收入的比重等。财政支出占 GDP 的比重是指财政支出总额占国内生产总值的比例，反映了财政支出在国民经济中的地位和作用。财政支出占财政收入的比重是指财政支出总额占财政收入总额的比例，反映了财政收支的平衡状况和财政政策的可持续性。相对指标能够综合考虑经济总量和财政收入水平，对财政支出规模进行更为全面和科学地评价。

2. 衡量财政支出增长的指标

衡量财政支出增长的指标是评估财政支出规模变化的重要工具，主要包括财政支出增长率和财政支出弹性系数等。

（1）财政支出增长率

财政支出增长率是指在一定时期内，财政支出总额的增减变化幅度，通常用百分比表示。财政支出增长率能够反映政府财政支出的动态变化趋势，为分析财政政策的实施效果和调整财政支出结构提供依据。财政支出增长率的计算公式为：（本期财政支出总额－上期财政支出总额）／上期财政支出总额×100%，通过对财政支出增长率的分析，可以了解财政支出的增速，评估其与经济增长、社会发展之间的协调性。

（2）财政支出弹性系数

财政支出弹性系数是指财政支出增长率与GDP增长率之比，反映了财政支出对经济增长的敏感程度。财政支出弹性系数大于1，说明财政支出的增长速度快于经济增长速度；财政支出弹性系数小于1，说明财政支出的增长速度慢于经济增长速度。财政支出弹性系数的计算公式为：财政支出增长率／GDP增长率，通过对财政支出弹性系数的分析，可以评估财政支出的适应性和灵活性，判断其对经济波动的响应能力。

（三）财政支出规模的影响因素

一定时期财政支出规模的变动，涉及多种复杂因素，通常与当时的政治经济条件和国家的方针政策密切相关。概括起来，主要影响因素有以下几方面。

1. 经济因素

经济因素是影响财政支出规模的主要原因之一，经济发展水平和增长速度直接决定了财政收入的规模，进而影响财政支出的能力和规模。当一个国家经济快速发展时，财政收入增加，政府有更多的财力用于公共服务、基础设施建设和社会福利等方面的支出；反之，当经济增长放缓或出现经济衰退时，财政收入减少，政府的支出能力受限，财政支出规模可能相应缩减，通过经济结构的变化也会影响财政支出结构和规模。例如，工业化和城市化进程加快，需要更多的基础设施建设投入，导致财政支出增加。

2. 政治因素

政治因素对财政支出规模的影响主要体现在以下几个方面。

第一，政府的职能范围。财政分配主要是围绕政府职能的实现来进行的，即政府职能范围决定了政府活动的范围和方向，也因此决定了财政支出的范围和规模。随着社会的发展和人民生活水平的提高，社会对公共产品的要求越来越多，对其质量要求也越来越高。公共产品的社会需求不断提高，促使政府提供的公共产品的范围扩大，从而推动了财政支出规模的不断增长。

第二，国际国内政治环境。国防费用是用来抵御外来侵略，保卫国家主权、社会安定的。当一国政局不稳定，出现内乱或外部冲突等突发性事件时，这对国防支出、国家安全支出、武装经费、治安经费和社会管理费用等影响很大，这必然会使财政支出的规模超乎寻常地扩大。

第三，政府工作的效率。政府工作效率高，则设置较少的政府职能机构就能完成政府职能，较少的支出就能办较多的事，因而财政支出的规模也就相对缩小；若政府工作效率低下，行政机构臃肿，人浮于事，效率低下，经费开支必然增多。我国的行政管理支出长期居高不下，行政效率问题一直得不到有效解决是关键所在。

3. 人口规模

人口规模是影响财政支出增长的一个重要原因，随着人口的增长，相应的社会对文化、教育、医疗卫生、社会保障服务、公共基础设施，以及国家行政管理、司法、治安等方面的社会公共需求必然增加。如果政府为保证向公众提供的公共服务水平不变，那么支出规模必然会因人口规模增加而扩大财政支出规模。特别是对于我国这样发展中的人口大国，随着人口老龄化问题的不断凸显，政府用于社会福利方面的开支越来越大，导致财政支出规模增大。世界银行的研究报告表明，随着经济的发展，政府以转移支付和补贴形式安排的支出呈现较快增长的势头。

第四章　成本控制与风险管理

第一节　成本控制理论与实践

一、内部审计的定义与目标

在现代企业的管理体系中，内部审计作为一项关键的职能，已经成为提升企业管理水平和增强企业竞争力的重要手段。内部审计不仅仅是对财务数据的核查与验证，更是对企业经营管理、风险控制、成本控制等各方面进行的全方位监督与评估。随着经济环境的复杂化与竞争的加剧，内部审计在企业管理中的地位和作用愈加突出，如何有效定义内部审计的职能及明确其目标，成为企业在成本控制与风险管理中亟待解决的重要问题。

（一）内部审计的定义

内部审计，作为企业内部的一种独立、客观的咨询与监督活动，其目的是为了增加企业价值并改进其运营。内部审计不仅仅局限于财务方面的核查，还涉及企业运营的各个方面，包括管理流程的效率、风险的识别与控制、资源的优化配置等。内部审计的本质在于通过系统化和纪律化的方法，对企业的各项活动进行审查，以确保其运作符合既定目标、方针和法律法规，并提出改进意见以促进企业的持续发展。

（二）内部审计的目标

内部审计的核心目标可以概括为三个方面：一是确保企业资源的有效利用，内部审计通过对企业各项活动的监督，确保资源的合理配置与有效使用，从而减少浪费，降低成本，实现企业利益最大化。二是提升企业运营效率，通过对企业管理流程的审查与评估，内部审计能够识别和改进不合理的流程，优化业务操作，进而提升整体运营效率。三是增强风险管控能力，内部审计通过对潜在风险的识别、评估和管控，有助于企业建立健全的风险控制机制，降低企业运营中的不确定性，确保企业的稳健发展。

(三) 内部审计在成本控制中的作用

在成本控制方面，内部审计发挥着至关重要的作用。通过对各项成本的详细审查和分析，内部审计能够帮助企业识别出成本控制中的薄弱环节，提出具体的改进措施。内部审计还可以通过对各项业务流程的监督与优化，减少浪费和冗余，实现成本的有效控制。同时内部审计在监控企业预算执行情况方面也发挥着重要作用，确保企业在预算范围内合理使用资源，从而达到降低成本、提高效益的目的。

内部审计作为企业内部管理的重要工具，其定义与目标直接关系企业成本控制与风险管控的成效。在现代企业管理中，内部审计不仅仅是传统意义上的财务监督，更是通过全方位的审查与评估，为企业运营提供有效支持的关键环节。通过明确内部审计的定义与目标，企业能够更好地利用这一工具，提升管理水平，实现资源的优化配置，增强风险防控能力，最终在激烈的市场竞争中取得优势地位。

二、内部审计的流程与方法

内部审计作为企业管理的重要组成部分，其流程与方法直接影响着审计工作的质量和效果。在企业日益复杂的经营环境中，科学、规范的内部审计流程与方法不仅能够帮助企业及时发现和解决问题，还能够为企业的管理决策提供有力的支持。内部审计的流程和方法应当遵循系统性、科学性和客观性的原则，确保审计活动能够全面覆盖企业的各项业务，提升企业的整体管理水平。

(一) 内部审计的流程

内部审计的流程通常包括以下几个关键步骤：一是审计计划的制订，审计计划是内部审计工作的起点，是对审计目标、范围、方法和时间安排的详细规划。制订审计计划时，需要考虑企业的整体战略、当前的经营状况以及潜在的风险点，确保审计工作能够有的放矢。二是审计的执行，审计执行阶段是内部审计的核心环节，主要包括审计证据的收集与分析。在这一过程中，审计人员通过查阅资料、现场检查、访谈等多种方式获取相关信息，并对这些信息进行系统化分析，以判断企业各项活动的合规性与有效性。三是审计报告的编制，审计报告是对审计工作的总结与反馈，内容包括审计发现、存在的问题、风险评估以及改进建议等。审计报告应当做到客观、公正、准确，确保企业管理层能够清晰了解审计结果，并据此作出相应的决策。四是审计结果的跟踪与反馈，跟踪与反馈是内部审计流程中的重要环节，目的是确保审计建议能够得到有效落实，进而推动企业管理的持续改进。审计人员应当定期对企业的整改情况进行检查，并将结果反馈给管理层，确保审计工作的闭环管理。

（二）内部审计的方法

内部审计的方法多种多样，根据不同的审计目标和审计对象，可以采取不同的审计方法。一是基于风险的审计方法。这种方法以风险管理为导向，通过识别、评估企业的潜在风险，集中资源对高风险领域进行重点审计，从而提高审计工作的效率与效果。二是抽样审计法，在面对大量数据和复杂业务时，抽样审计法能够有效提高审计效率。通过科学的抽样技术，从总体数据中选取具有代表性的数据样本进行审计，并将审计结果推及至整个数据集，达到节约时间成本的目的。三是流程审计法，流程审计法强调对企业各项业务流程的审查与分析，通过对业务流程的梳理与优化，识别出可能存在的管理漏洞与风险点。流程审计法不仅能够提高企业运营的规范性，还能为企业管理流程的改进提供科学依据。四是实地审计法，实地审计法是指审计人员亲临企业的现场进行审查，通过对企业的实际经营状况进行观察与分析，获取一手审计资料。实地审计法适用于对实物资产、生产流程、工程项目等需要现场检查的审计对象。

（三）内部审计在企业管理中的应用

内部审计的方法不仅仅是单一的技术手段，更是企业管理的重要工具。通过科学的审计流程和多样化的审计方法，企业能够更好地识别和控制风险，优化资源配置，提升运营效率。同时内部审计作为企业内部控制体系的重要组成部分，能够为企业管理层提供客观、独立的决策依据，从而提高企业的整体管理水平。

内部审计的流程与方法是企业管理体系中的重要环节，科学、规范的审计流程与多样化的审计方法能够有效提高审计工作的质量和效率。通过系统的审计计划、严格的审计执行、详实的审计报告以及有效的跟踪与反馈，企业能够及时发现和解决问题，优化管理流程，提升风险控制能力。内部审计在企业管理中的重要性不言而喻，它不仅是管理决策的重要依据，也是企业实现可持续发展的重要保障。

三、内部审计的质量控制与改进

内部审计作为企业管理中的一项重要职能，其质量直接影响企业的管理水平和经营绩效。因此如何确保内部审计的高质量执行，并在此基础上不断改进审计流程与方法，成为企业管理者关注的焦点。内部审计的质量控制与改进不仅涉及审计工作的技术层面，还关系审计人员的专业素质、企业的管理文化以及信息技术的应用等多个方面。只有通过系统的质量控制措施和持续的改进机制，才能确保内部审计发挥其应有的作用，为企业的健康发展保驾护航。

（一）内部审计的质量控制机制

内部审计的质量控制是一个系统化的过程，涵盖审计的各个阶段。审计计划的科学性与合理性是质量控制的起点，审计计划应当充分考虑企业的实际情况和潜在风险，确保审计工作的重点明确、资源配置合理。审计计划的制订需要经过严密的论证与审核，以确保其可操作性与针对性。

审计执行过程的严格监控是质量控制的核心，在审计执行过程中，审计人员应当遵循既定的审计标准与程序，确保审计证据的充分性与可靠性。为了提高审计执行的质量，企业应建立完善的内部审计监督机制，对审计人员的工作进行实时监督与指导，以确保审计工作的客观性与独立性。

审计报告的准确性与公正性是质量控制的保障，审计报告作为审计工作的最终成果，应当客观、公正地反映审计发现和审计结论。在编制审计报告时，审计人员应当严格遵循企业的审计报告编制规范，确保报告内容的准确性与完整性。

此外企业应当建立审计报告的审核机制，对报告的内容进行全面审查，以确保其符合企业的管理要求和法律法规的规定。

（二）内部审计质量的改进策略

为了确保内部审计质量的持续提升，企业需要在以下几个方面进行改进。审计人员的专业素质提升是质量改进的关键，企业应通过持续的教育培训，提升审计人员的专业知识和技能水平，使其能够胜任复杂的审计任务。审计人员的专业素质不仅体现在技术层面，还包括职业道德、独立性和客观性等方面。审计技术的创新与应用是质量改进的重要手段，随着信息技术的发展，审计工具和方法不断更新，企业应积极引入先进的审计技术，如数据分析、审计软件等，以提高审计工作的效率和准确性。信息技术的应用不仅能够提高审计效率，还能增强审计的全面性和深入性，使企业能够更加精准地发现潜在问题和风险。

审计流程的优化与简化是质量改进的有效途径，审计流程的优化能够提高审计工作的效率，减少不必要的流程环节，降低审计成本。企业应定期对内部审计流程进行评估与改进，简化冗余流程，提升审计效率；同时企业还应注重审计流程的标准化与规范化，确保审计工作的有序进行。审计结果的反馈与整改机制是质量改进的保证，审计结果的反馈与整改机制是内部审计质量控制的重要环节。企业应建立完善的审计整改机制，确保审计发现的问题能够及时得到纠正。审计整改应当以问题为导向，制定切实可行的整改措施，并对整改结果进行跟踪与评估，确保问题得到彻底解决。

内部审计的质量控制与改进是确保企业管理水平提升的重要环节，通过建立科学的质量控制机制，提升审计人员的专业素质，应用先进的审计技术，优化审计流程，以及建立有效的反馈与整改机制，企业能够实现内部审计工作的持续改进，为企业的长期发展提供坚实的保障。只有在不断的质量控制与改进过程中，内部审计才能真正发挥其在企业管理中的核心作用，助力企业实现战略目标和可持续发展。

第二节　风险识别与评估

一、风险识别的方法与流程

在企业管理中，风险识别是风险管理的第一步，也是最为关键的环节。有效的风险识别能够帮助企业提前发现潜在的威胁，为后续的风险评估和应对措施奠定基础。在全球化和市场竞争日益激烈的背景下，企业所面临的风险类型不断增加，复杂性也日益提升。因此如何运用科学的方法和系统的流程进行全面的风险识别，成为企业管理者必须掌握的核心能力之一。

（一）风险识别的方法

风险识别的方法多种多样，每种方法都有其适用的情境和特点。一是头脑风暴法，头脑风暴法通过集思广益的方式，集合了不同部门和岗位的人员，通过开放式的讨论和交流，最大限度地挖掘可能存在的风险点。头脑风暴法的优势在于能够从多角度、多层次发现风险，尤其适用于初步的、全面的风险识别阶段。

二是情景分析法，情景分析法通过模拟不同情境下企业可能面临的风险，预测可能的风险事件及其后果，从而识别潜在的风险源。这种方法尤其适用于应对未来不确定性较大的风险，如政策变化、市场波动等情境。

三是历史数据分析法，历史数据分析法通过对企业过去经营中的数据进行分析，寻找可能存在的规律和趋势，以此识别企业当前面临的风险。这种方法依赖企业的历史数据，适用于那些具有明显周期性或历史相似性的风险识别。

四是专家评估法，专家评估法通过邀请具有丰富经验和专业知识的专家，对企业的经营环境和业务流程进行分析，识别存在的风险。专家评估法的优势在于能够借助专家的专业视角和经验，识别那些常规方法难以发现的复杂风险。

（二）风险识别的流程

风险识别的流程是一个系统化的过程，涉及多步骤的逐步推进。风险识别的准备阶段，在这个阶段，企业需要明确风险识别的目标、范围和参与人员，并准备必要的数据和信息，为风险识别的开展打下基础。明确的目标和范围能够确保风险识别工作有的放矢，而全面的数据准备则能够为风险识别提供有力的支持。风险信息的收集与整理，在风险识别过程中，信息的收集与整理是至关重要的环节。企业需要从内部和外部多个渠道收集与风险相关的数据与信息，并对其进行系统的整理和分类。这一过程要求企业具备良好的信息管理能力，并能够将分散的信息整合成一个全面的风险图景。风险事件的识别与记录，在信息收集和整理的基础上，企业需要通过前述的各种风险识别方法，对潜在的风险事件进行识别和记录。风险事件的识别需要企业管理层与一线员工的密切合作，确保没有遗漏任何可能对企业造成重大影响的风险因素。风险识别结果的审核与确认，识别出的风险事件需要经过严格的审核与确认，确保其真实性与重要性。在这一环节，企业需要组织专业团队对风险识别结果进行评估，并对可能存在的偏差和错误进行修正。确认后的风险识别结果将作为后续风险评估与管理的基础数据。

风险识别是企业风险管理的起点，也是保障企业安全运营的重要前提。通过系统的识别方法和科学的流程，企业能够全面、准确地识别出潜在的风险，为风险评估和应对策略的制定提供坚实的基础。随着企业经营环境的日益复杂，风险识别工作的重要性愈加突出。只有通过不断优化风险识别的方法与流程，企业才能在风险管理中占据主动地位，确保其在激烈的市场竞争中立于不败之地。

二、风险评估的模型与指标体系

在企业管理中，风险评估作为风险管理的核心环节，直接关系企业决策的科学性与管理的有效性。通过系统化的风险评估模型与全面的指标体系，企业可以对识别出的各类风险进行定量与定性的分析，从而为风险应对措施的制定提供有力的支持。随着企业经营环境的日益复杂，风险评估的方法和工具也在不断发展，构建科学的风险评估模型与合理的指标体系已成为企业提升风险管理能力的关键所在。

（一）风险评估的模型

风险评估模型是将复杂的风险信息进行结构化处理的重要工具，不同的风评估模型适用于不同的风险类型和评估目标。一是概率—影响矩阵模型，该模型通过将风险事件的发生概率与其产生的影响程度进行矩阵化处理，帮助企业快速识别和排序重大风险。该模型简单直观，易于操作，适用于对风险进行初步筛选和优先级排序。

二是情景分析模型，情景分析模型通过模拟不同情境下的风险事件及其后果，为企业提供对复杂和长期风险的多角度评估。该模型能够帮助企业预测不同风险情境下的潜在损失，并为决策者提供更多的应对策略选择。这种模型尤其适用于评估那些具有高度不确定性和复杂性的风险。

三是蒙特卡洛模拟模型，蒙特卡洛模拟通过大量随机样本的模拟，评估风险事件在不同条件下的结果。该模型在金融、工程等领域应用广泛，能够为企业提供概率分布的风险评估结果，帮助企业更好地理解风险的潜在影响范围。蒙特卡洛模拟模型的优势在于其灵活性和精确性，能够处理复杂且非线性的风险评估问题。

四是价值-at-风险（VaR）模型，VaR模型是衡量在给定时间范围内，企业资产或投资组合遭受最大损失的评估工具。该模型广泛应用于金融风险管理中，通过量化风险，帮助企业确定需要保留的资本水平或风险承受能力。VaR模型提供了一个清晰的风险度量标准，使企业能够在市场波动中更好地控制风险暴露。

（二）风险评估的指标体系

在进行风险评估时，指标体系的设计直接影响评估结果的准确性与实用性。风险发生概率是评估风险的重要指标，它反映了特定风险事件发生的可能性。通过历史数据和专家判断，企业可以估算出每个风险事件的发生概率，从而为风险优先级的确定提供依据。

风险影响程度是衡量风险事件对企业造成损失或不利影响的指标，影响程度的评估通常需要结合财务数据、运营数据以及市场环境等多方面信息，以全面反映风险事件可能带来的经济损失、声誉损害或法律后果。准确评估风险影响程度有助于企业合理配置资源，采取有效的风险控制措施。风险控制能力指标评估的是企业应对特定风险的准备情况和控制手段，通过对现有控制措施的有效性进行评估，企业可以判断是否需要加强某些领域的风险管理。风险控制能力的强弱直接关系企业在风险事件发生时的应对能力和恢复速度。

风险暴露水平指标反映的是企业在特定风险环境下的脆弱性,它考虑了企业的资产分布、市场依赖度以及行业竞争状况等因素,评估企业在面对风险时可能遭受的整体损失。通过评估风险暴露水平,企业能够识别并优化高风险领域,减少潜在的损失。风险应对成本指标衡量的是企业为应对风险而需要投入的资源和资金,通过对不同应对措施的成本效益分析,企业可以在风险控制与成本之间找到平衡点,确保风险管理策略的经济性和有效性。

风险评估的模型与指标体系是企业风险管理的核心工具,通过科学的模型和全面的指标,企业能够深入分析和量化各类风险,制定更为精准和有效的应对措施。在复杂多变的市场环境中,构建适合企业自身特点的风险评估框架,不仅能够提高企业的风险管理水平,还能够为企业的战略决策提供重要支持。风险评估工作的不断优化和完善,将为企业在激烈的市场竞争中保持稳健发展提供坚实保障。

第三节　风险应对策略与措施

一、风险应对策略的制定与实施

在企业经营管理过程中,风险的存在不可避免,然而通过有效的应对策略,企业可以将风险的负面影响降至最低。风险应对策略的制定与实施不仅是企业管理的重要环节,更是保障企业持续稳健发展的关键所在。制定科学的风险应对策略,要求企业能够深入理解自身所面临的风险类型与程度,并结合企业的资源与能力,选择最优的应对措施。策略的有效实施同样至关重要,只有将制定的策略落实到位,才能真正实现对风险的控制与管理。

(一) 风险规避策略的制定与实施

风险规避策略作为企业风险管理中的一种核心手段,旨在通过避开潜在的高风险活动或决策,减少带来的不利影响。这种策略通常适用于那些无法通过其他手段有效控制或降低的高风险情境。在全球化竞争和不确定性加剧的今天，如何科学地制定和有效地实施风险规避策略，成为企业管理者必须面对的关键问题。

1. 风险规避策略的制定原则

制定风险规避策略时，企业应遵循以下几个原则，以确保策略的科学性和可操作性。

(1) 全面性原则

风险规避策略的制定应基于对企业内部和外部环境的全面分析，企业需要识别和评估所有可能对其业务构成威胁的风险因素，包括宏观经济变化、行业竞争态势、政策法规变动以及技术革新等。通过全面的风险识别，企业可以确保所制定的规避策略能够覆盖所有潜在的重大风险。

(2) 可行性原则

在制定规避策略时，企业应充分考虑自身的资源和能力，确保策略的可行性。即使某些风险看似可以通过规避来避免，但如果规避的成本过高或对企业的核心业务产生严重影响，那么这种策略可能并不适用。可行性原则要求企业在制定策略时，务必在规避风险和保持业务连续性之间找到平衡点。

(3) 灵活性原则

市场环境和企业自身的状况不断变化，制定规避策略时，企业应当考虑到未来可能的变化，并为策略的调整留有余地。灵活性原则意味着企业在规避策略的制定中，应当设置必要的预案和调整机制，以应对突发事件或环境变化带来的新风险。

(4) 利益最大化原则

规避风险的同时，企业还应考虑如何最大化其利益。并非所有风险都需要完全规避，有时适当的风险暴露可以带来潜在的收益。因此企业在制定规避策略时，应权衡规避风险带来的安全性和可能损失的机会收益，以确保整体利益的最大化。

2. 风险规避策略的实施方法

成功的风险规避策略不仅依赖于科学的制定，更需要在实施过程中严格执行和不断优化。以下是实施风险规避策略时需要关注的几个方面。

(1) 识别高风险活动

实施规避策略的第一步是识别企业当前及未来可能涉及的高风险活动。这些活动可能包括高风险的投资决策、新市场的进入、复杂的技术研发项目等。通过对这些活动进行风险评估，企业可以决定哪些活动需要规避，以减少可能的负面影响。

(2) 资源配置与能力调整

在决定规避某些高风险活动后，企业需要重新配置其资源和能力。资源配置可能涉及重新分配资金、人力资源和技术能力，以支持规避策略的实施。与此同时，企业还应进行能力调整，确保内部流程和管理机制能够支持规避策略。例如，在规避某个高风险市场时，企业可能需要调整市场营销策略和供应链管理，以适应新的业务重点。

(3) 规避措施的执行

一旦制定了规避策略并完成资源和能力调整，企业需要在实际操作中严格执行这些措施。包括停止或退出高风险项目、终止与高风险客户的合作、调整产品线等具体行动。执行过程中，企业管理层必须加强监督，确保所有相关部门都按照策略要求行动，避免因执行不力导致风险暴露。

(4) 效果监控与调整

在规避策略实施后，企业应建立完善的监控机制，对策略的执行效果进行持续跟踪。通过定期审查规避策略的执行情况，企业可以发现可能存在的偏差和问题，并及时进行调整。效果监控还应包括对外部环境变化的持续关注，确保规避策略始终与企业面临的实际风险相适应。

3. 风险规避策略在企业管理中的应用

在实际企业管理中，风险规避策略广泛应用于各种业务场景，尤其是在面临高不确定性和高潜在损失的情境下。

(1) 投资决策中的风险规避

在投资决策中，风险规避策略尤为重要。企业在考虑进入新市场或投资新项目时，必须全面评估市场环境、竞争状况、法律法规等因素。如果发现投资存在高风险且无法通过其他方式有效管理，企业可以选择暂缓或放弃该投资决策，以避免可能的财务损失。

(2) 合规管理中的风险规避

合规管理是企业规避法律和监管风险的重要领域，通过严格遵循法律法规，企业可以规避可能的法律诉讼和监管处罚。合规管理中的风险规避策略包括加强内部审计、完善合规政策、定期培训员工等措施，确保企业运营始终符合相关法律要求。

(3) 供应链管理中的风险规避

供应链管理中，风险规避策略可以帮助企业应对供应中断、价格波动、供应商破产等风险。企业可以通过多元化供应商选择、签订长期供应合同、建立应急库存等方式，规避供应链中的高风险因素，从而确保生产和销售的稳定性。

(二) 风险转移策略的制定与实施

在风险管理中，风险转移策略是一种有效的方法，通过将部分或全部风险转移给第三方，企业可以减少自身的风险暴露，从而在不影响核心业务运作的情况下，降低潜在的财务损失或运营中断的可能性。风险转移策略广泛应用于商业保险、合同管理和外包服务等领域，是现代企业管理中不可或缺的一环。

1. 风险转移策略的制定原则

制定有效的风险转移策略，企业需要遵循以下几个原则，确保策略的科学性和合理性。

(1) 适配性原则

风险转移策略的制定应与企业的整体风险管理框架相适配，企业应在全面评估其面临的各种风险后，选择适当的风险转移工具，如保险、合同条款或外包等，以确保风险转移策略能够与企业的运营特点和管理目标相一致。

(2) 成本效益原则

在选择风险转移工具时，企业应充分考虑成本效益，虽然风险转移可以降低企业的风险暴露，但转移成本也需要合理控制。企业应通过成本效益分析，比较不同风险转移手段的费用与潜在收益，确保选择的策略在经济上具有可行性。

(3) 可操作性原则

风险转移策略应具备较高的可操作性，企业在制定策略时，应明确转移责任的具体实施方法和执行步骤，确保在风险事件发生时，转移责任能够及时生效，避免因操作复杂或执行困难导致风险无法有效转移。

(4) 法律合规性原则

制定风险转移策略时，企业必须确保所有转移手段符合相关法律法规的要求，尤其是在涉及合同条款、保险协议等领域时，必须严格遵守法律规定，以免因违反法律导致的进一步风险。

2. 风险转移策略的实施步骤

成功实施风险转移策略，不仅需要科学的制定，还需要在实际操作中严格执行以下步骤，以确保策略的有效性。

(1) 选择适当的转移工具

实施风险转移策略的第一步是选择适合企业的转移工具，企业可以根据不同风险的性质和影响，选择保险、合同条款或外包服务等方式。例如对于财产损失或意外事故风险，企业可以通过投保来转移风险；对于履约风险，可以通过合同条款明确责任分担；对于非核心业务，可以通过外包将风险转移给专业的第三方服务提供商。

(2) 制定详尽的转移协议

在确定转移工具后，企业应与相关第三方签订详细的转移协议。该协议应明确双方的责任和义务，规定风险转移的范围、条件和生效时间等内容。对于保险合同，企业需要明确保费、保额、保险责任和免赔条款等；对于外包合同，企业应详细列明服务范围、质量标准和违约责任。

(3) 建立监控和反馈机制

风险转移策略的有效实施离不开持续的监控和反馈，企业应建立一套完整的监控机制，定期检查第三方履行转移协议的情况，确保风险责任能够按照协议顺利转移。在监控过程中，企业应收集和分析相关数据，及时发现和解决潜在的问题。此外，企业应与第三方保持良好的沟通，确保转移策略在风险事件发生时能够迅速启动。

(4) 定期评估和调整

风险转移策略需要随着企业外部环境的变化和自身业务的发展不断进行评估和调整，企业应定期审查转移策略的执行效果，评估现有的转移工具是否仍然适用，并根据需要进行调整。例如，随着企业规模的扩大或市场环境的变化，企业可能需要调整保险额度、修改合同条款或选择新的外包服务提供商。通过不断优化转移策略，企业可以确保其始终能够有效应对潜在的风险。

3. 风险转移策略在企业管理中的应用

风险转移策略在企业的日常运营管理中具有广泛的应用价值，以下是几种典型的应用场景。

（1）商业保险中的风险转移

商业保险是最常见的风险转移工具之一，通过购买保险，企业可以将自然灾害、事故损失、责任索赔等风险转移给保险公司。在商业保险中，企业需要根据自身的风险暴露情况，选择适当的险种和保额，并通过与保险公司的合作，确保在风险事件发生后能够迅速获得赔偿。

（2）合同管理中的风险转移

在合同管理中，企业可以通过明确的合同条款将部分风险转移给交易对手或合作伙伴。合同条款中的违约金、赔偿责任和不可抗力条款等，都是常用的风险转移手段。企业在制定合同时，应确保条款的清晰和严谨，以防止日后因合同纠纷引发的法律风险。

（3）外包服务中的风险转移

通过外包非核心业务，企业可以将这些业务中存在的风险转移给专业的外包服务提供商。例如企业可以将 IT 维护、安全保障或后勤服务外包，从而将相关的技术风险、管理风险或运营风险转移出去。在选择外包服务商时，企业应确保对方具有良好的信誉和专业能力，并通过合同明确各方的责任与义务。

风险转移策略是企业在风险管理中不可或缺的工具，通过科学的制定和有效的实施，企业可以将部分或全部风险转移给第三方，从而减轻自身的风险负担。无论是通过商业保险、合同条款还是外包服务，风险转移策略都能够为企业提供有效的风险管理解决方案。然而，成功的风险转移策略不仅依赖科学的制定，还需要在实施过程中注重选择适当的工具、制定详尽的协议、建立监控机制以及定期评估和调整。通过不断优化和完善风险转移策略，企业可以在激烈的市场竞争中保持稳健发展，确保其长期的经营稳定性和可持续性。

（三）风险减轻策略的制定与实施

风险减轻策略作为风险管理的重要组成部分，旨在通过采取一系列措施，降低风险事件发生的可能性或减少其对企业造成的负面影响。与风险规避和风险转移不同，风险减轻策略不追求完全消除风险，而是力图在既定的风险暴露下，通过优化管理和控制手段，减少风险带来的损失。

1. 风险减轻策略的制定原则

在制定风险减轻策略时，企业应遵循以下几个原则，以确保策略的科学性和有效性。

（1）预防性原则

风险减轻策略的核心在于预防，通过提前采取措施，降低风险事件发生的概率或减缓其影响。企业在制定策略时，必须强调预防性原则，即在风险发生前就识别出可能的薄弱环节，并针对这些环节采取预防措施。这种前瞻性思维能够帮助企业在早期阶段发现并处理潜在风险，从而减少实际损失。

（2）优化性原则

风险减轻策略应基于企业现有资源和管理能力的优化配置，企业在制定减轻策略时，必须充分考虑如何在不增加过多成本的情况下，最大程度地降低风险。优化性原则要求企业在制定策略时，综合利用各种资源和技术手段，通过流程改进、技术升级和管理强化等方式，提升风险控制的效率和效果。

（3）持续性原则

风险减轻策略的制定和实施不应是一次性的，而是一个持续改进的过程。企业在制定策略时，必须认识到风险环境和企业内外部条件的动态变化，因而需要持续监控和调整风险减轻措施。持续性原则要求企业在策略实施过程中，定期评估其有效性，并根据最新的风险状况和管理需求进行调整，确保风险减轻措施能够持续发挥作用。

（4）适应性原则

风险减轻策略应具备较高的适应性，能够应对不同类型的风险和变化的风险环境。企业在制定策略时，必须确保减轻措施能够灵活应用于各种情境，并能够快速响应外部环境的变化。适应性原则要求企业在策略制定中，预留一定的弹性空间，以应对突发事件或不可预见的风险挑战。

2. 风险减轻策略的实施方法

成功的风险减轻策略不仅依赖科学的制定，还需要在实际操作中严格执行以下方法，以确保策略的有效性和实用性。

（1）流程优化与控制

实施风险减轻策略的第一步是对企业的关键业务流程进行优化与控制，通过对现有流程的审查与改进，企业可以识别出流程中的风险点，并采取相应的控制措施。例如，企业可以通过引入标准化操作流程、加强内部审核、引入自动化技术等方式，减少操作失误和管理漏洞，从而降低风险发生的可能性。

（2）技术升级与创新

技术升级和创新是风险减轻的重要手段，企业可以通过采用新技术、改进生产工艺或引入先进管理工具，降低技术风险和操作风险。例如，企业可以通过升级信息系统，提高数据处理和分析的准确性与效率，从而减少信息不对称和决策失误带来的风险。此外，技术创新还可以帮助企业开发新的风险控制方法和工具，为风险减轻提供新的解决方案。

（3）员工培训与意识提升

员工的行为和意识直接影响风险的发生概率和影响程度，因此员工培训与意识提升是风险减轻策略中的关键环节。企业可以通过定期的培训和教育，提高员工对风险的认识和应对能力，从而减少人为失误带来的风险。此外，企业还可以通过建立健全的激励机制和责任机制，增强员工的风险防范意识，确保风险减轻措施能够得到有效落实。

（4）应急预案的制订与演练

应急预案是企业应对突发风险的重要工具，通过制订详细的应急预案，企业可以在风险事件发生时迅速采取措施，减少损失和影响。应急预案的制订应涵盖企业可能面临的各种紧急情况，并明确各部门和员工的责任分工。为了确保应急预案的可操作性，企业应定期进行应急演练，通过模拟不同的风险场景，检验和改进预案的有效性，确保在真正的风险事件发生时能够迅速响应。

（5）供应链管理与合作伙伴选择

供应链管理是风险减轻策略中的重要组成部分，通过优化供应链管理流程，企业可以减少供应中断、质量问题和价格波动带来的风险。企业应加强与供应商的合作，建立稳定的供应链关系，并通过多元化采购、供应商评估和合同管理等手段，降低供应链中的风险。此外，企业在选择合作伙伴时，应注重对方的信誉和能力,确保合作伙伴能够共同承担和减轻风险。

(6)内部控制体系的强化

内部控制体系是风险减轻的基础保障,企业应通过建立和完善内部控制体系,确保业务运作的规范性和透明性。内部控制体系应涵盖企业的各个方面,包括财务管理、运营管理、信息管理等,确保各项业务活动都有相应的控制措施和监督机制。企业还应定期审查和更新内部控制体系,确保其能够适应不断变化的风险环境和管理需求。

3. 风险减轻策略在企业管理中的应用

风险减轻策略在企业管理的各个领域都有广泛的应用,以下是几种典型的应用场景。

(1)质量管理中的风险减轻

在质量管理中,风险减轻策略可以帮助企业控制产品质量风险,减少质量问题带来的经济损失和声誉损害。企业可以通过加强质量检测、引入先进的质量管理体系和标准化生产流程,降低生产过程中的质量风险。此外,企业还可以通过与供应商合作,确保原材料的质量,从源头上减少质量风险。

(2)财务管理中的风险减轻

在财务管理中,风险减轻策略可以帮助企业控制财务风险,确保财务稳定性和可持续性。企业可以通过加强资金管理、优化资本结构、引入财务风险管理工具等方式,减少财务风险对企业经营的影响。企业还可以通过制订详细的财务计划和预算控制,减少财务决策中的不确定性,降低财务风险。

(3)项目管理中的风险减轻

在项目管理中,风险减轻策略可以帮助企业控制项目风险,确保项目按时、按预算完成。企业可以通过项目风险评估、制订风险管理计划、加强项目监控等方式,降低项目风险。企业还可以通过建立项目团队的合作机制和沟通机制,确保项目团队能够及时应对风险变化,减少项目风险带来的不利影响。

风险减轻策略是企业风险管理中不可或缺的一部分,通过科学制定和有效实施,企业可以在不增加过多成本的情况下,有效降低各种风险的发生概率和影响程度。在制定减轻策略时,企业应遵循预防性、优化性、持续性和适应性等原则,通过流程优化、技术升级、员工培训、应急预案、供应链管理和内部控制等手段，确保减轻措施的有效性和可操作性。通过不断优化和完善风险减轻策略，企业可以在面对各种风险挑战时，保持稳健的发展势头，确保其长期的竞争优势和可持续增长。

（四）风险接受策略的制定与实施

在企业风险管理中，风险接受策略是指企业在充分评估风险的成本与收益后，决定在特定条件下主动承担一定的风险，而不采取规避、转移或减轻等其他措施。这种策略通常适用于那些风险较小、影响有限或者成本高于收益的风险情境。风险接受策略的有效性依赖于企业对风险的精准评估以及对自身承受能力的清晰认知。

1. 风险接受策略的制定原则

制定风险接受策略时，企业应遵循以下几个原则，以确保策略的合理性和有效性。

（1）理性评估原则

风险接受策略的制定必须建立在对风险的理性评估基础上，企业应通过科学的风险评估模型，量化风险的发生概率和潜在损失，并结合企业的实际情况，判断是否有能力承受这一风险。理性评估原则要求企业在制定策略时，既要避免过度保守导致错失机会，也要防止盲目乐观导致风险失控。

（2）承受能力原则

企业在决定接受某项风险之前，必须明确自身的风险承受能力。不仅包括财务承受能力，还涉及企业的运营弹性、市场竞争力以及管理层的应对经验等。承受能力原则要求企业在制定策略时，充分考虑自身的资源配置和应对能力，确保在风险事件发生时不会对企业的正常运作造成严重影响。

（3）战略匹配原则

风险接受策略应与企业的整体战略目标相匹配，在制定策略时，企业应结合长期发展规划和战略目标，判断所接受的风险是否符合企业的战略方向。战略匹配原则要求企业在接受风险时，不仅关注短期效益，还要考虑其对长期发展的潜在影响，确保策略的制定有利于实现企业的战略目标。

(4) 动态调整原则

企业所处的环境和面临的风险会随着时间的推移而变化，因此风险接受策略也需要具备动态调整的能力。动态调整原则要求企业在策略制定时，建立起灵活的调整机制，以便在外部环境或内部条件发生变化时，及时对接受的风险进行重新评估，并根据最新情况进行调整和优化。

2. 风险接受策略的实施方法

在实施风险接受策略时，企业需要采取一系列步骤，确保所接受的风险能够被有效管理，并且在风险事件发生时能够迅速应对，减少不利影响。

(1) 明确风险范围与边界

实施风险接受策略的第一步是明确所接受的风险范围与边界，企业需要对所接受的风险进行详细的定义，明确其发生的可能性、可能影响的范围以及最大可能损失。不仅有助于企业在心理和财务上做好准备，也有助于明确风险管理的重点和资源分配方向。

(2) 建立风险监控机制

在决定接受风险后，企业必须建立起完善的风险监控机制，以便在风险事件发生前或发生过程中，及时发现并采取应对措施。监控机制包括对关键指标的持续跟踪、预警系统的建设以及定期的风险评估和报告。通过实时监控，企业可以动态掌握风险的演变情况，并在必要时迅速做出反应。

(3) 制订应急预案

尽管风险接受策略并不采取规避或转移等手段，但这并不意味着企业应被动等待风险事件的发生。相反企业应为风险事件制订详细的应急预案，明确在风险事件发生时的应对步骤和责任分工。应急预案涵盖不同情境下的具体行动计划，以确保在面对突发事件时能够迅速响应，最大限度地减少损失。

(4) 合理配置资源

实施风险接受策略的关键在于资源的合理配置，企业应确保在风险事件发生时，有足够的资源包括财务资源、人力资源和技术资源来应对潜在的损失。资源配置应根据风险的严重程度和发生概率进行优先级排序，确保关键资源能够集中用于最重要的风险应对措施。

（5）定期评估与调整

在实施风险接受策略的过程中，企业应定期对策略的有效性进行评估，并根据外部环境和内部条件的变化，及时进行调整。这一评估过程应包括对风险事件的频率、影响程度以及企业的应对效果进行全面分析，以判断是否需要调整接受的风险范围、资源配置或应急预案。通过持续的评估与调整，企业可以确保风险接受策略始终与实际情况相符，并且在风险事件发生时能够有效应对。

3. 风险接受策略在企业管理中的应用

风险接受策略在企业管理的多个领域具有广泛的应用价值，以下是几种典型的应用场景。

（1）新产品开发中的风险接受

在新产品开发过程中，企业往往面临市场不确定性、技术风险和资金压力等挑战。对于一些市场前景不明朗或技术难度较高的项目，企业选择接受这些风险，以获得创新的机会和市场领先地位。在这种情况下，企业需要通过严格的项目管理、市场分析和技术验证，确保在接受风险的同时，能够将潜在的损失控制在可承受范围内。

（2）市场扩张中的风险接受

在市场扩张过程中，尤其是进入新的地域或细分市场时，企业不可避免地会面临市场环境不熟悉、竞争激烈以及文化差异等风险。对于一些战略性的重要市场，企业选择接受这些风险，以争取更大的市场份额和品牌影响力。在实施过程中，企业应通过深入的市场调研、建立本地化团队以及灵活的营销策略，来应对和管理这些风险。

（3）金融投资中的风险接受

在金融投资中，企业可能选择接受一定的市场波动风险，以追求更高的投资回报。例如在股市或外汇市场投资时，企业接受短期的价格波动，持有资产以期望在长期内获得更高的收益。在这种情况下，企业需要通过多样化投资组合、风险对冲工具以及严格的风险限额管理，来控制风险接受的范围和程度。

（4）供应链管理中的风险接受

在供应链管理中，企业面对供应商不稳定、原材料价格波动等风险。在一些情况下，企业决定接受这些风险，特别是当这些风险难以通过替代供应商或价格锁定等手段完全消除时。为了有效管理这些风险，企业应加强与供应商的合作，建立稳定的供应关系，同时通过库存管理和采购策略的调整，减少供应链中断的影响。

风险应对策略的制定与实施是企业管理中的重要组成部分，是企业在面对复杂多变的外部环境时，保障其稳定运营的重要手段。通过科学合理地选择规避、转移、减轻和接受策略，企业能够有效管理和控制各种风险，减少可能带来的不利影响。同时，策略的有效实施离不开完善的内部控制与监控机制，只有将制定的策略落实到实际操作中，企业才能真正实现对风险的全面管理。未来，随着风险管理理论和实践的不断发展，企业在风险应对策略的制定与实施上将会更加成熟与系统化，从而在激烈的市场竞争中保持长期的竞争优势。

二、事业单位风险管理的创新实践

随着社会经济的发展和公共服务需求的多样化，事业单位在履行其职能的过程中面临着日益复杂的风险环境。这些风险不仅包括传统的财务风险、运营风险，还涉及政策风险、声誉风险和信息技术风险等多方面。为了更好地应对这些挑战，事业单位必须在风险管理方面进行创新，通过引入新的管理理念和工具，提升自身的风险应对能力和管理水平。

（一）建立全面风险管理体系

事业单位的风险管理创新首先体现在建立全面的风险管理体系上，全面风险管理体系（ERM）是一种系统化的管理方法，旨在帮助组织识别、评估、管理和监控所有可能影响其目标实现的风险。事业单位在传统的风险管理基础上，引入全面风险管理体系，不仅可以提高风险识别的准确性，还能在全组织范围内协调各部门的风险管理活动。

在实施全面风险管理体系过程中，事业单位应注重从战略高度出发，将风险管理与组织的战略目标紧密结合。通过定期的风险评估和审计，确保风险管理的各个环节与单位的整体发展方向保持一致。同时还应建立有效的风险沟通机制，确保各级管理者和员工都能及时了解风险状况和管理策略，形成全员参与的风险管理文化。

事业单位需要在风险管理体系的实施中注重信息化建设，现代信息技术的应用可以极大地提升风险管理的效率和效果。通过建立风险管理信息系统，事业单位可以实现对各类风险数据的实时监控和分析，及时发现潜在的风险隐患。此外，信息化手段还可以帮助事业单位提高风险管理的透明度和可追溯性，确保风险管理活动的规范性和有效性。

（二）创新风险管理工具与方法

事业单位在风险管理实践中，可以通过引入和创新风险管理工具与方法，提升风险管理的科学性和精确性。例如采用情景分析、蒙特卡洛模拟等先进的风险评估工具，模拟不同风险情境下的可能结果，为决策者提供更加全面的风险信息。此外，事业单位还可以结合自身的实际情况，开发定制化的风险评估模型，提高风险管理的针对性。

事业单位应在风险管理中充分利用大数据和人工智能等新兴技术，大数据技术可以帮助事业单位从海量数据中挖掘出隐藏的风险信息，并通过数据分析发现风险的演变趋势。人工智能技术则可以通过机器学习算法，对历史数据和实时数据进行分析和预测，从而提高风险识别和预警的准确性。这些新技术的应用，不仅可以提高风险管理的效率，还能为风险管理决策提供更加科学的依据。

事业单位可以通过风险转移和分散的创新实践，优化风险管理的效果。风险转移包括通过购买保险、签订风险分担协议等方式，将部分风险转移给第三方，从而减少单位自身的风险暴露。风险分散则是通过多元化的业务布局和资源配置，降低单一风险对事业单位整体运营的冲击。通过这些创新实践，事业单位可以更加灵活地应对各种复杂的风险情境。

（三）强化内部控制与风险文化建设

事业单位的风险管理创新还体现在内部控制体系的强化上，内部控制是事业单位风险管理的重要基础，通过建立健全的内部控制制度，事业单位可以有效防范和控制各类风险。为了适应新形势下的风险管理需求，事业单位应不断完善内部控制机制，优化业务流程，确保各项管理活动的合规性和高效性；同时内部控制的执行效果还应通过定期的审计和评估进行监督和改进。

风险文化的建设对于事业单位的风险管理创新具有重要意义，风险文化是指组织全体成员对风险的认识和态度，它直接影响着风险管理的效果。事业单位应通过风险管理的宣传和培训，增强员工的风险意识和风险责任感，营造良好的风险管理氛围；还应建立激励机制和问责机制，鼓励员工积极参与风险管理，及时报告风险信息，确保风险管理措施能够得到有效落实。

事业单位应注重外部环境的变化对风险管理的影响，并通过不断调整和优化风险管理策略，保持对外部环境变化的敏感性和适应性。在面对政策变化、社会舆论、技术进步等外部因素时，事业单位应及时调整风险管理措施，确保风险管理与外部环境的动态匹配。

事业单位在风险管理中的创新实践，是应对日益复杂的风险环境、提升管理效能的必然选择。通过建立全面风险管理体系、创新风险管理工具与方法、强化内部控制与风险文化建设，事业单位可以显著提高其风险管理能力，确保其在履行公共服务职责的过程中，能够有效应对各种潜在风险，保障组织目标的顺利实现。随着风险管理理论和技术的不断发展，事业单位的风险管理实践也将不断创新，为公共管理领域的高质量发展提供坚实的保障。

三、风险管理效果的评估与改进

风险管理在现代企业中扮演着至关重要的角色，其效果直接影响企业的运营稳定性和长期发展。然而，仅有风险管理策略的制定和实施并不足够，企业还需要对风险管理的效果进行全面评估，并在此基础上进行持续改进，以确保风险管理措施的有效性和适应性。

（一）风险管理效果的评估方法

风险管理效果的评估应当从多维度进行，包括定量评估和定性评估。定量评估主要通过分析关键风险指标（KRIs）、风险事件的频率和损失等数据，来判断风险管理措施的实际效果。通过量化的指标，企业可以直观地看到风险管理策略在降低风险发生概率和减少损失方面的贡献。企业还应定期进行风险资本的评估，以判断现有的资本配置是否足以覆盖潜在的风险暴露。

定性评估则侧重于风险管理措施的执行效果和组织内部的风险文化建设，通过访谈、问卷调查和案例分析等方式，企业可以了解员工对风险管理政策的理解和执行情况，以及在实际操作中遇到的困难和挑战。定性评估还应包括对企业风险管理流程和控制机制的审查，确保各项措施得到了有效的执行，并符合企业的风险管理目标。

评估过程中，企业还应注重风险管理体系的灵活性和响应速度。在面对突发风险事件时，企业的应对措施是否能够及时调整，并且在最短时间内发挥作用，是衡量风险管理效果的关键因素之一。通过模拟风险情境和应急演练，企业可以测试风险管理体系的应变能力，找出潜在的改进空间。

（二）风险管理效果改进的策略

企业在评估风险管理效果后，需要根据评估结果进行针对性的改进。对于评估中发现的薄弱环节，企业应优先考虑进行修正和优化。如果某些风险控制措施未能达到预期效果，企业应分析其原因，是由于执行不力、资源不足或流程设计不合理。针对这些问题，企业可以重新设计控制流程、加强培训，或者引入新的技术手段，以提高措施的有效性。

风险管理的改进还应注重动态调整，随着企业外部环境和内部条件的变化，原有的风险管理策略可能不再适用，企业需要根据新的风险状况和业务需求，动态调整风险管理措施。这种调整不仅包括策略层面的变化，也应涉及组织结构和管理流程的优化。例如在面对市场环境的不确定性时，企业需要增加风险监控的频率，或者引入更灵活的风险评估工具，以应对突如其来的市场波动。

企业应加强风险管理的持续学习和创新，风险管理是一个不断演进的过程，企业应通过借鉴行业最佳实践、引入先进的管理工具和方法，不断提升自身的风险管理水平。企业可以通过参与行业论坛、与专业咨询机构合作、开展内部培训等方式，获取最新的风险管理知识和技术。企业还应鼓励内部创新，推动员工在实际工作中探索和应用新的风险管理方法。

（三）风险管理效果的长期监控与反馈机制

建立长期监控与反馈机制，是确保风险管理效果得以持续改进的关键。企业应制定一套完善的风险管理评估机制，定期对风险管理效果进行审查，并根据审查结果进行持续的调整和优化。长期监控不仅有助于及时发现风险管理中的问题，还可以为企业提供宝贵的数据和经验，帮助企业不断完善风险管理体系。

企业还应注重反馈机制的建设，通过建立畅通的反馈渠道，企业管理层可以及时了解员工在风险管理中的实际操作情况和遇到的困难，进而为改进措施的制定提供依据。反馈机制的有效运行，依赖企业内部的沟通和协作，管理层应积极鼓励员工参与风险管理的讨论，并重视员工提出的建议和意见。

风险管理效果的监控与反馈机制还应与企业的整体战略相结合，企业的风险管理目标应当服务于整体战略目标，在监控与反馈过程中，企业应定期审视风险管理措施是否仍然符合战略需求，并根据战略目标的调整，对风险管理措施进行相应的修正。通过将风险管理与企业战略紧密结合，企业可以确保其风险管理措施不仅能够有效应对当前的风险挑战，还能为长期战略目标的实现提供保障。

风险管理效果的评估与改进，是企业在复杂多变的市场环境中保持竞争力的关键步骤。通过科学的评估方法，企业可以全面了解风险管理措施的实际效果，并在此基础上进行针对性的改进，以不断提升风险应对能力。建立长期的监控与反馈机制，能够帮助企业及时发现和解决风险管理中的问题，确保其风险管理体系的持续有效运行。

第五章 内部审计与财务管理

第一节 内部审计的基本概念与流程

一、内部审计的定义与目标

内部审计在现代企业管理中扮演着至关重要的角色，它不仅是企业控制风险和保证合规性的关键手段，也是提升管理效率和优化资源配置的重要工具。随着企业规模的扩大和经营环境的复杂化，内部审计的职能和作用也在不断演变和扩展。因此，准确理解内部审计的定义与目标，对于企业构建有效的内部控制体系，确保其稳健发展具有重要意义。

（一）内部审计的定义

内部审计是指由企业内部专门机构或人员独立开展的、以评估企业各项业务活动和内部控制系统的有效性、效率性和合规性为目的的监督、评价和咨询活动。内部审计的独立性是其核心特征之一，内部审计部门在执行审计任务时，应当不受其他部门和管理层的直接干预，确保其审计结果的客观性和公正性。

1. 内部审计的独立性

内部审计的独立性是保证其审计活动客观性和公正性的基础，独立性不仅体现在内部审计部门与被审计部门的职能分离上，还体现在审计人员在开展审计活动时，不受企业其他部门或管理层的直接影响。为此企业通常将内部审计部门直接置于董事会或审计委员会的领导之下，以确保其独立性和监督职能的有效发挥。

内部审计的独立性还体现在其报告路径上，为了保持客观性，内部审计报告应直接向企业的最高管理层或审计委员会报告，不应通过被审计部门或业务管理层。这种独立的报告路径，有助于确保审计发现和建议能够得到企业高层的重视,并促进审计建议的落实。

2. 内部审计的系统性与纪律性

内部审计作为一种系统性和纪律化的活动,其过程必须遵循既定的审计标准和程序。内部审计通常包括审计计划的制订、审计实施、审计报告的编制以及审计结果的跟踪与反馈等环节。每个环节都需要审计人员严格遵循企业内部的审计标准和程序,以确保审计工作的规范性和有效性。

内部审计的系统性还体现在其覆盖范围的广泛性上,与外部审计相比,内部审计不仅关注财务报表的真实性和准确性,还涉及企业的各项业务活动、管理流程和内部控制系统。通过对这些领域的全面审查,内部审计能够识别出企业运营中的潜在风险和管理缺陷,为企业管理层提供有针对性的改进建议。

3. 内部审计的评价与咨询职能

内部审计不仅是一种监督活动,还是一种评价和咨询服务。内部审计的评价职能主要体现在对企业各项业务活动和内部控制系统的有效性、效率性和合规性的评估上。通过系统的审计评价,内部审计能够帮助企业发现运营中的不足和风险,并提出改进措施。

内部审计的咨询职能越来越受到企业的重视,内部审计作为企业内部的专业团队,不仅能够对企业现有的业务流程和管理机制进行评估,还能够为企业的战略规划、风险管理和内部控制等方面提供专业的咨询服务。这种咨询服务有助于企业在复杂多变的市场环境中,保持竞争优势和运营的稳健性。

4. 内部审计的动态性与适应性

随着企业经营环境的变化和技术的进步,内部审计的职能和内容也在不断演变和扩展。传统的内部审计更多关注财务合规性和内部控制的有效性,而现代内部审计则更加注重风险管理、治理结构的健全性和企业战略的执行效果。这种动态性和适应性要求内部审计团队具备广泛的专业知识和灵活的应对能力,能够及时调整审计重点和方法,以应对不断变化的风险环境。

内部审计的动态性还体现在审计技术的更新上,随着大数据、人工智能和信息技术的发展,内部审计在数据分析、风险评估和流程优化等方面的技术手段不断升级。技术手段的应用,不仅提高了内部审计的效率和准确性,还扩展了其审计范围和深度,使其能够更全面地识别和应对企业面临的复杂风险。

(二) 内部审计的目标

内部审计的目标是在于帮助企业实现其经营目标，保障企业资源的合理配置和有效使用，提升管理效率和风险应对能力。具体而言，内部审计的目标可以分为以下几个方面。

1. 提升企业的治理水平

内部审计通过对企业治理结构和管理流程的审查，能够识别出其中存在的薄弱环节和改进机会。通过提出合理的改进建议，内部审计能够帮助企业优化其治理结构，提升管理层的决策效率和执行力。同时，内部审计还能够通过监督企业的合规性，确保其运营符合法律法规和行业标准，减少法律风险和声誉风险。

在提升企业治理水平的过程中，内部审计的目标还包括加强企业的内部控制体系。内部控制体系是企业治理的基础，通过对内部控制的审查和评估，内部审计能够帮助企业发现和弥补内部控制中的漏洞，增强企业抵御风险的能力。

2. 增强企业的风险管理能力

风险管理是现代企业管理的重要组成部分，内部审计在其中扮演着关键角色。通过对企业各项业务活动的审查，内部审计能够识别出企业面临的各种风险，包括财务风险、运营风险、市场风险等。内部审计的目标在于通过系统的风险评估和控制措施，帮助企业降低风险发生的概率和影响，确保企业在不确定的市场环境中实现稳健运营。

内部审计在风险管理中的作用还体现在其对风险应对措施的监督和评估上，通过定期审查企业的风险应对策略和措施，内部审计能够帮助企业及时发现和纠正其中存在的问题，确保风险管理体系的有效运行。

3. 提高企业的运营效率

内部审计的另一个重要目标是提高企业的运营效率，通过对业务流程和管理机制的审查，内部审计能够发现企业在资源配置、成本控制和流程管理中的不足，并提出优化建议。这些建议不仅可以帮助企业降低运营成本，还能够提高资源的使用效率，提升整体运营效率。

内部审计在提高运营效率方面，还能够通过流程再造和技术创新，帮助企业简化复杂的业务流程，减少冗余操作，提高自动化水平。通过这些措施，企业可以在保持运营灵活性的同时，显著提升生产效率和市场反应速度。

4. 促进企业的持续改进

持续改进是企业在竞争激烈的市场环境中保持优势的关键，内部审计在其中发挥着重要作用。通过对企业各项管理活动的持续审查和评估，内部审计能够帮助企业及时发现和修正管理中的问题，推动管理水平的不断提升。

内部审计的目标还包括推动企业文化的改进，通过风险意识的培养和合规文化的建设，内部审计能够促进企业内部形成良好的管理氛围，增强员工的责任感和风险意识，从而为企业的长期发展奠定坚实基础。

内部审计作为企业管理的重要工具，其定义和目标直接关系企业的运营效率、风险管理能力和治理水平。在现代企业管理中，内部审计不仅是一种监督和控制手段，更是企业提升管理水平、实现战略目标的重要支撑。通过系统的内部审计活动，企业可以识别和应对各种风险，优化资源配置，提升管理效率，从而在竞争激烈的市场环境中保持稳健发展。随着企业经营环境的不断变化，内部审计的职能和目标也将继续演变和扩展，为企业的可持续发展提供强有力的保障。

二、内部审计的流程与方法

内部审计是企业管理中一项至关重要的活动，其核心在于通过系统化的审计流程和科学的审计方法，评估和提升企业内部控制体系的有效性和效率性。随着企业规模的扩大和经营环境的日益复杂化，内部审计的流程与方法也在不断演变和发展，以适应企业日益增长的审计需求。

（一）内部审计的标准化流程

内部审计的流程是审计活动得以顺利开展并产生有效结果的基础，标准化的审计流程不仅确保了审计工作的规范性和系统性，还为审计结果的准确性和可靠性提供了保障。内部审计的标准化流程通常包括以下几个关键阶段。

1. 审计计划的制订

审计计划的制订是内部审计流程的起点，也是整个审计活动的纲领性文件。审计计划的制订需基于企业的战略目标、年度业务计划以及风险评估结果，明确审计的范围、目标、时间安排和资源分配。审计计划不仅要考虑企业当前的经营环境和管理重点，还应灵活应对可能出现的突发风险和紧急审计需求。

在制订审计计划时，审计团队应与企业的管理层密切沟通，确保计划能够切实反映企业的需求和期望。同时审计计划还应具备一定的弹性，以便在审计过程中能够根据实际情况进行适当调整。审计计划的制订不仅是审计工作的前期准备，更是为后续审计实施和审计报告奠定基础的重要环节。

2. 审计准备与初步审查

审计准备与初步审查阶段，是对审计对象和审计环境的深入了解与分析。审计准备工作包括收集和整理相关资料、审阅被审计单位的财务报表、内部控制文件以及管理报告等。这一阶段的工作旨在帮助审计人员掌握被审计单位的基本情况和业务流程，为后续的深入审计奠定基础。

初步审查阶段，审计人员通过对现有资料的分析，初步识别出可能存在的风险点和审计重点。初步审查的结果将直接影响审计方案的制订，因此这一阶段要求审计人员具备较强的分析能力和风险识别能力。通过初步审查，审计团队能够有针对性地调整审计方案，确保审计工作更加精准和高效。

3. 审计方案的制订

审计方案的制订是将审计计划转化为具体行动的关键步骤，审计方案应详细列明每一项审计活动的具体步骤、方法和时间安排，并明确各审计人员的职责分工。审计方案的制订需要结合初步审查的结果，重点关注那些风险较高或存在重大管理缺陷的领域。

审计方案的制订还应考虑到审计资源的有效利用，包括人力、时间和技术手段等。合理的资源配置可以提高审计工作的效率和质量。此外审计方案还应明确审计的技术手段和数据分析方法，以确保审计工作的科学性和数据的准确性。

4. 审计实施

审计实施阶段是内部审计流程的核心部分，在这一阶段，审计人员按照审计方案的要求，开展实地审计、访谈、资料查阅、测试和分析等工作。审计实施过程中，审计人员需要严格遵循审计标准和程序，确保审计结果的客观性和公正性。

在审计实施过程中，审计人员应特别注意现场证据的收集和保存，以便在审计报告中提供有力的支持。审计人员还需要灵活应对审计过程中可能出现的各种问题和变化，及时调整审计方法和重点，以确保审计工作的顺利进行。

5. 审计报告的编制

审计报告是内部审计活动的最终成果，是对整个审计过程的总结与反馈。审计报告应详细说明审计的范围、方法、发现的问题、审计结论以及改进建议。审计报告的编制需要做到客观、公正、准确，确保企业管理层能够根据报告内容做出有效的决策。

审计报告的编制还需要考虑到报告的可读性和针对性，报告的内容应简明扼要，重点突出，同时要注意使用清晰的语言和逻辑结构，使读者能够迅速理解报告的核心内容。对于审计中发现的重大问题和风险，审计报告应提供详细的分析和改进建议，以帮助企业及时采取纠正措施。

6. 审计结果的反馈与跟踪

审计结果的反馈与跟踪是确保审计建议得到有效落实的重要环节，审计反馈的方式通常包括与被审计单位的管理层进行沟通、召开审计结果汇报会等。通过反馈，审计人员可以帮助被审计单位理解审计发现，并为其提供改进的指导意见。

跟踪审计则是对审计建议的落实情况进行检查和监督，确保问题得到彻底解决。审计人员需要定期对被审计单位的整改情况进行跟踪审查，并将跟踪结果向管理层汇报。通过反馈与跟踪，审计工作实现了从问题识别到问题解决的闭环管理，确保审计工作对企业管理的持续改进产生积极影响。

（二）内部审计的方法

内部审计的方法是审计人员在具体审计工作中所采用的技术手段和操作流程，科学合理的审计方法不仅能够提高审计工作的效率和准确性，还能够为企业提供深度的管理洞察。内部审计的方法通常包括以下几类。

1. 风险导向审计法

风险导向审计法（Risk-Based Auditing）是现代内部审计中应用最为广泛的一种方法。风险导向审计法的核心理念是以风险为导向，通过识别和评估企业面临的各种风险，确定审计工作的重点和资源配置。这种方法能够帮助审计人员集中精力于企业最为关键的风险领域，确保审计工作的有效性和针对性。

在风险导向审计法中，审计人员首先需要进行风险评估，识别出企业在财务、运营、合规等方面的重大风险。根据风险评估的结果，制订有针对性的审计计划和方案。在审计实施过程中，审计人员将重点审查与高风险领域相关的业务活动和控制措施，并对其有效性进行评估。

风险导向审计法的优势在于其灵活性和适应性，由于风险环境的不断变化，审计人员可以根据最新的风险信息，随时调整审计重点和方法。风险导向审计法还能够帮助企业提高风险管理水平，通过审计结果的反馈，促进企业加强对重大风险的控制和管理。

2. 基于流程的审计法

基于流程的审计法（Process-Based Auditing）是内部审计中常用的一种方法，特别适用于对企业内部控制和业务流程的评估。基于流程的审计法侧重于对企业各项业务流程的审查，旨在通过识别和分析流程中的风险点和控制缺陷，提出改进建议，以提升流程的有效性和效率性。

在基于流程的审计法中，审计人员需要对企业的关键业务流程进行全面的了解和分析，包括流程的设计、执行、监控和反馈等环节。通过梳理和分析业务流程，审计人员能够识别出流程中的潜在风险和管理漏洞，并评估现有控制措施的有效性。基于流程的审计法的优势在于其系统性和深度性，通过对业务流程的全面审查，审计人员能够深入了解企业的运作机制，并从中发现潜在的管理问题。审计报告中提出的流程改进建议，通常能够显著提升企业的运营效率和管理水平，降低运营风险。

3. 数据分析审计法

数据分析审计法（Data Analytics in Auditing）是随着大数据技术的发展而兴起的一种新型审计方法。数据分析审计法通过对企业大量业务数据的采集、处理和分析，识别出潜在的风险和异常，辅助审计人员进行审计决策。该方法广泛应用于财务审计、合规审计和运营审计中，能够显著提高审计工作的效率和精准度。

在数据分析审计法中，审计人员需要获取企业的业务数据，并对数据进行清洗、整理和预处理。利用数据分析工具和算法，对数据进行深度挖掘，识别出数据中的异常模式和风险点。通过数据分析，审计人员可以发现传统审计方法难以识别的问题，如隐匿的财务风险、异常的交易行为等。

数据分析审计法的优势在于其广泛性和精确性，通过对海量数据的分析，审计人员能够更加全面地了解企业的风险状况，并提高审计工作的覆盖面。同时数据分析工具和算法的应用，也能够显著提升审计结果的准确性和可靠性，为企业提供更具价值的审计建议。

4. 实地审计法

实地审计法（Field Audit）是指审计人员亲临被审计单位的现场进行实地调查、检查和核实的一种审计方法。实地审计法通常应用于对资产、库存、项目工程等实物资产的审查，以及对企业运营现场的审计。通过实地审计，审计人员能够获取一手资料，直接观察和了解被审计单位的实际情况，发现潜在的管理问题和风险。

在实地审计中，审计人员通常会通过现场检查、访谈、观察和实物盘点等方式，获取相关证据和信息。实地审计的优势在于其真实性和直观性，能够帮助审计人员发现纸面材料中难以反映的问题。通过实地审计，审计人员能够对被审计单位的实际运营情况有更为深入的了解，为审计报告的编制提供可靠的依据。

内部审计的流程与方法是企业管理中至关重要的工具，通过标准化的流程和科学的审计方法，企业能够系统评估和提升其内部控制和风险管理水平。内部审计的标准化流程包括审计计划制订、审计准备、审计实施、审计报告编制和审计结果跟踪等环节，而审计方法则涵盖了风险导向审计法、基于流程的审计法、数据分析审计法和实地审计法等多种技术手段。通过这些流程与方法的有效运用，企业不仅可以确保其运营的合规性和有效性，还能为管理决策提供重要支持，从而在竞争激烈的市场环境中保持稳健发展。

三、内部审计的质量控制与改进

在现代企业管理中，内部审计不仅是确保财务数据准确性和合规性的重要手段，更是提升企业治理水平、优化运营流程和控制风险的关键工具。然而内部审计的有效性和价值取决于其质量控制和持续改进的能力。高质量的内部审计能够提供准确、可靠的审计结果，帮助企业及时发现并纠正管理中的缺陷，推动企业的持续改进和发展。

(一) 内部审计的质量控制机制

内部审计的质量控制是保证审计工作符合既定标准、实现预期目标的基础，质量控制机制的建立和执行能够确保审计过程的规范性、审计结果的准确性以及审计报告的可靠性。内部审计的质量控制机制通常包括以下几个方面。

1. 审计计划与资源配置的质量控制

审计计划的制订是内部审计质量控制的起点，审计计划不仅需要明确审计目标、范围和方法，还应合理安排时间和资源，确保审计工作能够按计划进行。为保证审计计划的质量，审计人员在制订计划时应充分考虑企业的风险状况、管理需求和审计资源，确保审计重点能够覆盖关键风险领域。

资源配置是审计计划的一部分，其质量直接影响审计工作的执行效果。在资源配置过程中，审计管理层需要确保审计团队的专业能力与审计任务相匹配，并为审计人员提供必要的工具和技术支持。合理的资源配置不仅能够提高审计效率，还能确保审计工作的深度和广度，避免资源浪费和审计盲区。

2. 审计过程的质量控制

审计过程的质量控制是确保审计活动符合标准、避免审计风险的关键，审计过程的质量控制应贯穿审计实施的各个阶段，包括审计准备、审计实施、审计报告编制等。在审计准备阶段，审计人员需要收集和分析相关信息，明确审计目标和重点。审计实施阶段，审计人员应严格按照审计计划开展工作，确保审计方法和程序的执行符合标准。

审计过程中的质量控制还包括对审计证据的充分性、相关性和可靠性的验证。审计人员在收集证据时，必须确保证据的来源可信、内容完整，并通过交叉验证提高证据的可靠性。审计过程中，还应注意对发现问题的及时记录和反馈，避免因问题累积而影响审计工作的整体质量。

3. 审计报告的质量控制

审计报告是内部审计的最终成果，其质量直接影响企业管理层对审计结果的接受度和应用效果。审计报告的质量控制应包括报告内容的准确性、清晰性和针对性。审计人员在编制报告时，需确保所有结论和建议都有充分的证据支持，并通过简明扼要的语言表达，使报告易于理解和执行。审计报告的质量还取决于审计结论的客观性和公正性，审计人员应避免在报告中加入主观判断或不必要的修饰，确保审计结论能够真实反映企业的实际情况。审计报告的质量控制还应关注报告的及时性，确保管理层能够在适当的时间内获得审计结果并采取相应措施。

4. 内部审计人员的质量控制

内部审计人员的专业素质和道德水平是内部审计质量控制的重要保障，为了确保审计工作的高质量，企业应建立严格的人员选拔和培训机制，确保审计人员具备必要的专业知识、技能和经验。同时企业还应通过持续的职业教育和培训，提升审计人员的风险识别能力和问题解决能力，确保审计工作始终与最新的行业标准和技术要求保持一致。审计人员的独立性和客观性也是质量控制的重要方面，企业应制定明确的内部审计道德规范，防止审计人员在审计过程中受到外部压力或利益冲突的影响，确保审计结论的公正性和可靠性。

（二）内部审计的改进策略

内部审计的质量控制并不是一成不变的，随着企业环境的变化和技术的发展，内部审计也需要不断进行改进，以提高其适应性和有效性。改进策略包括对审计方法的创新、技术手段的升级以及审计流程的优化等方面。

1. 审计方法的创新

审计方法的创新是内部审计改进的重要途径，随着企业管理的复杂性增加，传统的审计方法可能无法全面覆盖所有风险领域。因此内部审计需要不断引入和发展新的审计方法，如风险导向审计、流程审计、数据分析审计等。这些方法能够帮助审计人员更加准确地识别风险，提供更具针对性的审计建议。

审计方法的创新还包括跨领域的整合和应用，例如将质量管理、项目管理中的最佳实践应用于内部审计中，可以提高审计的深度和广度。通过方法的创新，内部审计能够更好地适应企业的多样化需求，提供更加全面的审计服务。

2. 技术手段的升级

随着信息技术的迅猛发展，内部审计需要借助先进的技术手段，提升审计效率和效果。大数据、人工智能、区块链等技术的应用，可以显著提升审计数据的分析能力和审计工作的自动化水平。例如大数据技术可以帮助审计人员从海量数据中快速识别异常模式，发现潜在风险；人工智能技术可以通过机器学习，自动生成审计报告，提高报告编制的效率和准确性。

技术手段的升级还应包括审计管理系统的优化，通过引入智能审计管理平台，企业可以实现审计流程的数字化和自动化管理，提升审计工作的协同性和透明度。同时这些平台还可以帮助审计管理层实时监控审计进度，及时发现并解决审计过程中的问题，确保审计工作按计划进行。

3. 审计流程的优化

审计流程的优化是内部审计改进的重要内容，内部审计流程的优化不仅可以提高审计工作的效率，还能提升审计结果的准确性和针对性。审计流程优化的目标在于简化不必要的步骤，消除流程中的瓶颈和障碍，确保审计工作流畅进行。

在审计流程优化过程中，企业应注重流程的标准化和规范化，确保所有审计活动都符合既定的标准和要求。标准化的流程不仅可以提高审计工作的可控性，还能确保审计结果的可比性和一致性。企业还应通过流程优化，提升审计团队的协作效率，确保不同部门之间的信息共享和协同配合。

4. 审计文化的建设

审计文化的建设是内部审计质量控制与改进的基础，审计文化是一种以审计原则和价值观为核心的企业文化，它影响着审计人员的行为和审计工作的效果。通过审计文化的建设，企业可以增强审计人员的责任感和使命感，提升审计工作的执行力和创新力。审计文化的建设应包括审计价值观的传播和审计意识的培养，企业管理层应通过多种方式向员工传递审计的重要性和意义，营造全员参与审计的氛围。同时企业还应通过培训和教育，提升员工对审计工作的理解和支持，确保审计建议能够得到有效落实。

内部审计的质量控制与改进是企业管理中不可或缺的环节，通过建立科学的质量控制机制，企业可以确保内部审计工作的规范性和有效性，为企业的稳健发展提供可靠保障。通过不断的改进和创新，内部审计能够与时俱进，适应企业环境的变化和需求的多样化，进一步提升其在企业管理中的作用和价值。在未来的发展中，随着审计技术的进步和审计方法的创新，内部审计的质量控制与改进也将不断演进，为企业的长期成功保驾护航。

第二节　内部审计在企业财务管理中的作用

一、内部审计对财务管理的监督作用

内部审计在现代企业管理中扮演着不可或缺的角色，尤其是在财务管理领域，内部审计的监督作用至关重要。通过独立、客观的审计活动，内部审计能够及时发现财务管理中的潜在问题和风险，并为企业管理层提供改进建议，从而确保企业财务信息的真实性、完整性和合规性。在日益复杂的市场环境中，企业面临的财务风险日益增加，内部审计作为企业内部控制体系的重要组成部分，其监督作用已成为保障企业财务稳健运行的重要机制。

（一）内部审计对财务报表的监督

财务报表作为反映企业财务状况、经营成果和现金流量的重要文件，是企业对外传递财务信息的主要载体。然而由于财务报表编制过程中可能存在的错误、疏漏甚至舞弊行为，确保财务报表的准确性和可靠性成为企业管理的重要任务。内部审计通过对财务报表的独立审查和监督，能够有效识别和纠正财务报告中的不准确或不合理之处，从而保障财务信息的真实性和完整性。

内部审计对财务报表的监督主要体现在以下几个方面。

1. 审查财务报表的合规性和一致性

内部审计的首要任务是确保财务报表的编制过程符合相关会计准则、法律法规和公司内部政策，通过对财务报表的细致审查，内部审计可以识别出报表中可能存在的不合规行为或偏离会计准则的情况，并提出相应的调整建议。特别是在处理复杂的会计事项时，如收入确认、资产减值、金融工具计量等，内部审计的专业审查能够有效防范因处理不当而导致的财务报表失真。

内部审计还需审查财务报表各部分之间的一致性和逻辑性，确保资产负债表、利润表和现金流量表等不同财务报表之间的勾稽关系准确无误。通过审查财务报表的一致性，内部审计可以识别出可能存在的数据错误或信息遗漏，并推动

财务部门进行修正。

2. 监控财务报表编制过程中的内部控制

内部控制是确保财务报表准确性和完整性的重要保障，内部审计通过对财务报表编制过程中涉及的内部控制进行监督，可以有效评估内部控制的设计和执行情况，识别出内部控制中的薄弱环节或漏洞。例如内部审计可以检查财务报表编制过程中的审批流程、责任分工和信息系统控制等，确保各项内部控制措施得到了有效实施。在发现内部控制存在缺陷或执行不到位的情况下，内部审计不仅要提出改进建议，还应跟踪整改措施的落实情况，确保问题得到彻底解决。通过这种方式，内部审计能够持续推动企业内部控制的完善，提升财务报表的编制质量和可信度。

3. 评估财务报表的公允性和透明度

公允性和透明度是财务报表的基本要求，内部审计通过对财务报表的评估，能够判断财务信息是否真实、准确地反映了企业的财务状况和经营成果。特别是在处理具有主观判断的财务事项时，如估值、折旧、摊销和准备金计提等，内部审计可以通过独立评估，确保这些事项的处理符合公允性原则，避免管理层过度乐观或保守的估计对财务报表的影响。内部审计还应关注财务报表的披露质量，确保财务报表附注中的信息充分、透明，为报表使用者提供清晰的决策依据。通过审查财务报表的公允性和透明度，内部审计可以提高企业财务信息的可信度，增强利益相关者对企业的信任。

4. 预防和发现财务舞弊行为

财务舞弊行为是企业财务管理中最严重的风险之一，会导致财务报表严重失真，甚至引发企业信用危机和法律责任。内部审计在预防和发现财务舞弊行为方面发挥着重要作用。通过对财务数据的深入分析和异常交易的审查，内部审计能够识别出可能的舞弊迹象，并采取相应的调查措施。

在发现财务舞弊行为后，内部审计应及时向管理层和审计委员会报告，并提出有效的纠正措施。内部审计还应加强对财务管理中高风险领域的监督，如收入确认、成本分摊、关联交易等，预防舞弊行为的发生。通过这种全面的监督，内部审计能够有效保障财务报表的真实可靠性，维护企业的财务健康。

(二) 内部审计对财务管理流程的监督

财务管理流程是企业财务运作的核心部分，涵盖了从预算编制、资金管理到成本控制、税务筹划等各个方面。内部审计通过对财务管理流程的监督，能够发现流程中的不合理之处或潜在风险，提出优化建议，以提升企业财务管理的效率和效果。

内部审计对财务管理流程的监督主要包括以下几个方面。

1. 监督预算编制与执行

预算管理是企业财务管理的重要组成部分，直接影响企业的资金配置和成本控制。内部审计在预算编制和执行过程中，扮演着监督者的角色，确保预算的合理性、可行性和执行的有效性。

在预算编制阶段，内部审计应审查预算的编制依据、方法和假设条件，确保预算的各项指标符合企业的战略目标和经营实际。内部审计还应监督预算编制过程中各部门的参与度和沟通协调情况，确保预算编制的科学性和全面性。

在预算执行阶段，内部审计应定期监控预算执行情况，对比实际财务数据与预算目标，分析差异原因，并评估预算控制的有效性。对于预算执行中出现的重大偏差，内部审计应及时报告并建议管理层采取纠正措施，确保企业资金的合理使用和成本控制目标的实现。

2. 监督资金管理与流动性控制

资金管理是企业财务管理的核心，涉及企业的资金筹集、使用和流动性管理。内部审计通过对资金管理流程的监督，能够确保企业资金的安全性、流动性和收益性。

内部审计应审查企业的资金筹集策略，确保筹资渠道的多样性和融资成本的合理性。内部审计还应监督资金的使用情况，特别是对大额资金支出、投资项目和资本性支出的审查，确保资金的使用符合企业的战略目标和财务规划。

在流动性管理方面，内部审计应监督企业的现金流管理和短期融资安排，确保企业能够维持健康的现金流和充足的流动性，避免因资金链断裂而引发的财务风险。通过对资金管理流程的监督，内部审计能够帮助企业优化资金配置，提高资金使用效率，降低财务风险。

3. 监督成本控制与效益分析

成本控制是企业财务管理的重点之一，直接影响企业的盈利能力和市场竞争力。内部审计通过对成本控制流程的监督，能够识别出成本管理中的不足，提出改进建议，帮助企业降低运营成本，提高经济效益。

内部审计应审查企业的成本核算方法和成本分摊政策，确保成本分摊的公正性和合理性。内部审计还应监督各部门的成本控制措施，评估成本节约措施的效果，发现并纠正成本控制中的漏洞和浪费现象。

在效益分析方面，内部审计应监督企业的成本效益分析方法，确保企业在进行投资决策和成本控制时，能够综合考虑经济效益和社会效益，实现资源的最优配置。通过对成本控制和效益分析的监督，内部审计能够帮助企业提高成本管理的精细化水平，增强市场竞争力。

4. 监督税务管理与合规性审查

税务管理是企业财务管理中涉及法律合规的重要领域，关系企业的税务风险和财务合规性。内部审计通过对税务管理流程的监督，能够确保企业的税务处理符合国家税法规定，避免因税务问题而引发的法律责任和财务损失。

内部审计应审查企业的税务筹划策略，确保税务筹划的合理性和合法性，避免出现过度避税或违反税法的行为。内部审计还应监督企业的税务申报和纳税情况，确保税务申报的准确性和及时性，避免因申报错误或迟报导致的税务处罚。

在税务合规性审查方面，内部审计应重点关注企业在跨境交易、关联交易和转让定价等方面的税务处理，确保企业的税务行为符合法律法规的要求，避免因税务合规问题而引发的国际税务纠纷或国内税务稽查。通过对税务管理流程的监督，内部审计能够帮助企业有效防范税务风险，确保企业的税务合规性和财务稳健性。

内部审计作为企业财务管理的重要组成部分，通过对财务报表和财务管理流程的监督，能够有效保障企业财务信息的真实性、完整性和合规性，提升财务管理的效率和效果。内部审计的监督作用不仅有助于企业及时发现和纠正财务管理中的问题，还能为企业管理层提供有价值的决策支持，推动企业实现财务管理的持续改进和优化。

二、内部审计对财务管理的促进作用

内部审计不仅在企业财务管理中扮演着监督者的角色，还具有显著的促进作用。通过全面的审计活动，内部审计能够帮助企业优化财务管理流程、提升财务决策的科学性，并推动企业财务管理的创新与改革。随着企业内部控制体系的日益复杂和外部环境的不确定性增加，内部审计的促进作用变得更加重要。它不仅能提高财务管理的效率和效果，还能增强企业的整体竞争力。

（一）优化财务管理流程

内部审计在优化财务管理流程中发挥着至关重要的作用，财务管理流程包括预算编制、资金管理、成本控制、财务报表编制等多个环节，任何一个环节的效率或准确性不足，都会影响企业的整体财务管理水平。通过全面审查和评估现有的财务管理流程，内部审计能够发现其中的不足与薄弱环节，并提出切实可行的改进建议，推动流程优化，提高财务管理的整体效率。

1. 提高预算管理的精细化水平

预算管理是企业财务管理的核心环节之一，其质量直接影响企业的资源配置和成本控制效果。内部审计在预算管理中，通过对预算编制、执行和控制过程的全面审查，能够有效提升预算管理的精细化水平。

内部审计可以评估预算编制的科学性和合理性，确保预算的编制依据充分，编制方法合理。内部审计可以通过分析历史数据、评估预算假设和与实际业务需求对比，识别预算编制中存在的偏差，并提出改进建议。这样可以避免因预算编制不当而导致的资源浪费或预算超支。

内部审计可以加强对预算执行过程的监督，确保预算得到严格执行。通过对预算执行情况的定期审查，内部审计可以及时发现预算执行中的偏差，分析偏差原因，并提出调整建议。不仅有助于企业及时纠正预算执行中的问题，还能促进各部门更有效地利用资源，实现预算目标。

2. 优化资金管理流程

资金管理是企业财务管理中最为关键的部分之一，涉及企业的资金筹集、使用和流动性管理。内部审计通过对资金管理流程的审查和优化，能够确保企业资金的安全性、流动性和收益性，从而提高资金管理的效率。

内部审计可以通过评估企业的资金筹集策略和筹资成本，确保企业的融资渠道多样化、融资成本合理化。内部审计还可以通过审查资金使用情况，特别是对大额资金支出和投资项目的审查，确保资金使用符合企业战略目标，并带来预期的财务回报。

在流动性管理方面，内部审计可以评估企业的现金流管理和短期融资安排，确保企业维持健康的现金流和充足的流动性，避免资金链断裂的风险。内部审计还可以通过对资金管理流程的优化，减少资金管理中的冗余环节和审批流程，提高资金周转速度和使用效率。

3. 提升成本控制和效益分析的精确度

成本控制和效益分析是企业提高盈利能力和竞争力的关键，内部审计通过对成本控制流程的审查和效益分析方法的评估，能够帮助企业发现成本管理中的不足，并提出改进建议，以提升成本控制和效益分析的精确度。

内部审计可以通过分析成本核算方法、成本分摊政策和各部门的成本控制措施，识别出成本管理中的问题，如成本核算不准确、成本分摊不合理等。针对这些问题，内部审计可以提出改进建议，帮助企业优化成本控制流程，减少浪费，提高资源利用效率。

在效益分析方面，内部审计可以评估企业的投资决策和项目效益分析方法，确保企业在进行重大决策时，能够综合考虑经济效益和社会效益，实现资源的最优配置。通过提升成本控制和效益分析的精确度，内部审计能够帮助企业更好地管理成本，提升整体财务管理水平。

（二）提升财务决策的科学性

财务决策的科学性是企业成功与否的关键因素之一，而内部审计在提升财务决策的科学性方面发挥着重要作用。通过对财务数据的深入分析和财务流程的全面评估，内部审计能够为企业管理层提供可靠的决策依据，帮助其在复杂的市场环境中做出科学的财务决策。

1. 提供准确的财务数据支持

准确的财务数据是科学决策的基础，内部审计通过对财务报表和财务数据的独立审查，能够确保财务信息的真实性和完整性，为管理层的财务决策提供可靠的数据支持。

内部审计可以通过审查财务报表的合规性、准确性和一致性，识别出财务数据中的错误或偏差，并提出调整建议。管理层在进行财务决策时，可以依赖经过审计验证的准确财务数据，减少因数据不准确而导致的决策失误。

内部审计还可以通过分析财务数据的历史趋势、对比行业数据和评估财务指标，帮助管理层更全面地了解企业的财务状况和经营成果。这些分析不仅为管理层提供了决策的参考依据，还可以帮助其识别潜在的财务风险，制定更加科学和稳健的财务策略。

2. 促进财务决策的风险评估与管理

风险评估与管理是财务决策中不可或缺的环节，内部审计通过对财务管理中的各类风险进行系统评估，能够帮助管理层识别和量化财务决策中的潜在风险，并提供相应的风险应对策略。

内部审计可以通过风险导向审计方法，评估企业在财务管理中面临的市场风险、信用风险、流动性风险等。通过量化风险和模拟不同情境下的决策结果，内部审计可以为管理层提供不同风险水平下的决策建议，帮助其在做出重大财务决策时充分考虑风险因素，避免决策失误带来的财务损失。内部审计还可以通过对企业现有风险管理措施的审查，评估其有效性和适用性。针对发现的风险管理不足之处，内部审计可以提出改进建议，帮助企业加强风险管理能力，提升财务决策的科学性和稳健性。

3. 支持财务决策的战略适配性

财务决策不仅要考虑财务数据和风险因素，还需要与企业的整体战略目标相适配。内部审计在提升财务决策的战略适配性方面，具有重要的促进作用。

内部审计可以通过评估财务决策与企业战略目标的匹配度，确保财务决策支持企业的长期发展战略。例如内部审计可以审查企业的资本支出、投资项目和资金分配决策，评估这些决策是否符合企业的战略方向和优先级。通过这种审查，内部审计可以帮助管理层避免因短期利益驱动而做出的不符合战略目标的财务决策。

内部审计还可以通过战略性审计，评估企业在财务管理中是否充分考虑了市场竞争、技术创新和政策变化等外部环境因素，从而确保财务决策的前瞻性和适应性。通过提升财务决策的战略适配性，内部审计能够帮助企业在复杂多变的市场环境中保持竞争优势，推动企业的可持续发展。

内部审计作为企业财务管理的重要组成部分，其促进作用不仅体现在优化财务管理流程、提升财务决策的科学性，还在推动财务创新和变革方面具有深远影响。通过科学的审计方法和系统的评估分析，内部审计能够为企业管理层提供准确、可靠的决策依据，帮助企业在激烈的市场竞争中实现财务管理的持续改进和优化。随着企业经营环境的不断变化，内部审计的促进作用将更加显著，为企业的长远发展提供坚实的保障。

三、内部审计与财务管理的协同机制

在现代企业管理中，内部审计与财务管理是相辅相成的两个关键职能，它们在保障企业财务稳健、提高运营效率、降低风险方面发挥着重要作用。然而，这两个职能部门并不是各自独立运行的，如何建立起有效的协同机制，使内部审计与财务管理形成合力，已成为企业管理中的重要课题。协同机制的建立不仅能提升两者的工作效率，还能通过信息共享和流程优化，实现企业整体管理水平的提升。

（一）资源共享与信息对接

资源共享与信息对接是内部审计与财务管理协同机制的基础，内部审计与财务管理在执行各自职能时，都依赖大量的数据和信息。这些数据和信息的准确性和及时性，直接影响到审计工作的质量和财务决策的科学性。因此建立高效的资源共享与信息对接机制，能够确保两者之间的信息流动顺畅，避免因信息不对称导致的工作重复或决策失误。

1. 数据共享与信息系统整合

内部审计与财务管理部门通常会使用不同的管理信息系统来支持各自的工作，如财务管理系统、ERP 系统、审计管理系统等。为了实现资源共享，企业需要将这些系统进行有效整合，使得内部审计部门能够方便地访问和利用财务管理部门的数据，反之亦然。这种整合不仅可以提高数据的利用效率，还能减少人工数据传递中的错误和延误。

在数据共享方面，企业可以通过建立统一的数据平台或数据仓库，集中存储和管理财务信息和审计信息。内部审计人员可以通过访问数据平台，直接获取最新的财务数据和管理报告，用于审计分析和风险评估。同样，财务管理人员也可以利用审计报告中的发现和建议，优化财务管理流程和控制措施。信息系统整合还可以通过自动化手段实现数据的实时更新和同步，例如企业可以利用数据接口技术，自动将财务系统中的数据传输到审计管理系统中，确保内部审计部门能够实时监控财务状况和业务活动，从而提高审计工作的及时性和准确性。

2. 信息共享与跨部门沟通

信息共享不仅涉及数据和系统，还包括跨部门的沟通与协作。内部审计与财务管理部门需要通过定期的沟通会议和工作汇报，分享各自的工作进展、发现的问题和改进建议，以确保双方在工作中的协同一致。

为了促进信息共享，企业可以建立定期的跨部门沟通机制，如每季度举行一次内部审计与财务管理的联席会议。在会议中，财务管理部门可以介绍最新的财务状况和管理措施，而内部审计部门则可以汇报审计发现和风险评估结果。通过这种形式的沟通，双方可以及时发现潜在的管理问题，并共同制定改进措施。

同时信息共享还应包括对重要事项的即时通报机制，例如当内部审计发现重大财务风险或控制缺陷时，应立即向财务管理部门通报，并共同商讨应对措施。通过及时的信息共享，企业可以迅速响应突发风险，避免因沟通不畅导致的管理失误。

3. 人员与知识资源的共享

除了数据和信息的共享，内部审计与财务管理部门还可以在人员和知识资源方面实现共享。内部审计人员通常具备广泛的财务知识和风险管理经验，而财务管理人员则深谙企业的财务流程和政策法规。通过人员的跨部门协作，企业可以充分利用双方的专业知识，提高整体管理水平。

例如内部审计部门可以定期组织财务管理人员参加审计培训，帮助他们了解最新的审计技术和风险控制方法；反之，财务管理部门也可以邀请审计人员参与财务规划和预算编制，利用他们的审计视角识别潜在的财务风险，并优化财务决策。企业还可以通过建立跨部门的项目团队，共同应对复杂的财务和审计问题，充分发挥双方的专业优势。

（二）流程优化与协同执行

流程优化与协同执行是内部审计与财务管理协同机制的核心，通过流程优化，企业可以减少内部审计与财务管理工作中的重复劳动和低效操作，从而提高工作效率和管理效能。协同执行则要求双方在实际操作中密切配合，共同完成复杂的管理任务，确保企业的财务目标和审计目标能够同步实现。

1. 优化财务管理与审计流程的衔接

财务管理与内部审计的流程在多个环节上具有密切的关联，如预算管理、成本控制、资金使用等。通过优化这些流程的衔接，企业可以提高管理的连贯性和有效性。

在预算管理方面，内部审计部门可以参与预算编制的审查与评估，确保预算的合理性和可行性。在预算执行过程中，内部审计部门可以实时监控预算的执行情况，及时发现偏差并提出调整建议。这种流程的优化不仅可以提高预算管理的精度，还能确保预算执行的合规性。

在成本控制方面，内部审计与财务管理可以通过共同制定成本核算标准和成本分摊政策，确保成本数据的一致性和准确性。内部审计还可以参与成本分析与评估，通过审计发现潜在的成本浪费和效率低下的环节，并与财务管理部门合作，制定改进措施，实现成本控制的目标。资金管理是另一个需要优化衔接的领域，内部审计部门可以通过对资金使用的审查，确保资金的使用符合企业的战略目标和财务规划。通过与财务管理部门的协同，内部审计可以帮助优化资金流动性管理和风险控制措施，确保企业在资金使用中的安全性和效率。

2. 协同执行审计与财务管理活动

协同执行要求内部审计与财务管理在具体的审计和管理活动中紧密合作，共同实现企业的管理目标。这种协同不仅体现在信息共享和流程优化上，还体现在实际操作中的配合与支持。

在审计活动中，财务管理部门可以为内部审计提供必要的资源支持，如财务数据、操作记录和管理报告等。通过这些支持，内部审计能够更加全面地了解企业的财务状况，并在审计过程中进行深入分析和风险评估。财务管理部门还可以参与审计发现的整改和改进工作,通过协同执行,确保审计建议得到有效落实。

在财务管理活动中,内部审计部门可以通过参与财务规划、资金使用、成本控制等关键环节,为财务管理提供独立的审计视角和专业建议。通过这种协同,财务管理部门能够在制定和执行管理决策时,充分考虑审计建议和风险评估结果,避免潜在的管理失误和财务风险。

3. 推动财务与审计的联合创新

协同执行的另一个重要方面是推动财务与审计的联合创新,通过跨部门的合作,内部审计与财务管理可以共同探索和开发新的管理工具、方法和技术,从而提升企业的管理效能和竞争力。

例如内部审计与财务管理可以共同开发基于大数据和人工智能的风险管理系统,通过自动化的数据分析和风险预警,提高财务管理的精度和及时性。双方还可以合作研究新的预算管理和成本控制方法,利用先进的管理思想和技术,优化企业的资源配置和成本结构。通过联合创新,内部审计与财务管理可以为企业的长远发展提供更加有效的管理工具和策略,推动企业在激烈的市场竞争中实现持续增长。

内部审计与财务管理的协同机制是企业提升管理效率和效能的重要手段,通过资源共享与信息对接,企业可以确保两者之间的信息流动顺畅,避免因信息不对称导致的管理失误。流程优化与协同执行则能够提高内部审计与财务管理的工作效率,确保企业的财务目标和审计目标能够同步实现。协同机制还能够推动两者之间的联合创新,为企业的长远发展提供新的管理工具和策略。

第三节 财务管理结构与机制优化

一、事业单位财务管理结构的现状与挑战

事业单位作为公共服务的主要提供者,其财务管理结构在保障公共资源的合理配置和有效使用方面发挥着至关重要的作用。然而,随着社会经济的发展和公共管理需求的变化,事业单位的财务管理结构面临着诸多新挑战。了解事业单位

财务管理结构的现状，识别其中存在的问题和挑战，是优化其管理机制、提升公共服务效率的关键。

（一）事业单位财务管理结构的现状

事业单位财务管理结构的现状可以从其组织架构、管理流程和制度保障等多个方面进行分析，当前事业单位的财务管理结构在很大程度上受制于传统的公共管理模式，其特点表现为行政化管理、资金来源多样化以及预算管理的严格性。

1. 行政化的财务管理架构

事业单位的财务管理架构通常呈现出高度行政化的特征，财务管理职能往往集中于财务部门，由财务负责人或总会计师统一管理，直接向单位的行政领导汇报。这种架构下，财务部门不仅负责日常的财务核算、预算编制与执行，还承担着对外财务报告的编制以及对内的财务监督职能。

行政化的财务管理架构具有一定的优势，如能够确保财务管理与单位整体行政管理的高度协调，便于落实上级主管部门的财务政策和指令。然而这种架构也存在明显的局限性。财务管理的独立性和专业性可能受到限制，财务决策容易受到行政领导的干预，导致财务管理目标和行政管理目标混淆。其财务管理部门在这种架构下，往往缺乏足够的自主性，难以根据实际情况灵活调整财务策略。

2. 多样化的资金来源与管理

事业单位的资金来源通常包括政府拨款、自主创收、社会捐赠等多种形式，这种多样化的资金来源结构决定了其财务管理的复杂性。各类资金在来源、用途、管理要求等方面存在较大差异，需要财务管理部门根据资金的具体性质制定相应的管理措施。

在现行的管理模式下，政府拨款依然是事业单位的主要资金来源。部分资金的管理通常受到严格的预算控制，要求按照年度预算编制和执行，不得随意调整或挪用。自主创收和社会捐赠则是事业单位近年来逐渐扩展的资金来源，这部分资金的管理相对灵活，但也需要遵循相关的法律法规，确保其使用的合法性和合规性。多样化的资金来源结构对事业单位的财务管理提出了更高的要求，财务管理部门需要具备较强的资金统筹能力，能够在遵守预算管理规定的前提下，合理配置和使用各类资金，以支持单位的业务发展和公共服务目标的实现。

3. 严格的预算管理与执行机制

事业单位的预算管理机制通常受到政府部门的严格监管，预算的编制和执行必须符合财政部门的要求，且在执行过程中需要接受审计部门的监督。这种严格的预算管理机制确保了公共资金的规范使用和有效控制，但也在一定程度上限制了事业单位的自主权。

在预算编制阶段，事业单位需要根据上级主管部门的指示和本单位的实际需求，编制年度预算报告，并提交财政部门审核。预算一经批准，单位在执行过程中不得随意变更或调整，任何超预算或调整预算的行为都需要经过严格的审批程序。预算执行完毕后，事业单位还需编制预算执行报告，并接受审计部门的审查。

严格的预算管理与执行机制确保了公共资金的透明性和安全性，但也增加了事业单位财务管理的操作难度。尤其是在面对突发性支出需求或政策变化时，预算管理的刚性导致单位在财务运作上的灵活性不足，难以快速响应外部环境的变化。

（二）事业单位财务管理结构面临的挑战

随着事业单位的职能扩展和外部环境的变化，其财务管理结构正面临一系列新的挑战。传统的财务管理模式已难以适应现代公共管理的要求，事业单位亟待在管理结构和机制上进行调整和优化，以应对这些挑战。

1. 财务管理的专业化需求提升

随着事业单位业务范围的扩大和复杂性的增加，对财务管理的专业化需求也在不断提升。传统的行政化管理模式下，财务管理往往更侧重于日常财务核算和预算执行，缺乏战略性财务管理和风险控制的视角。这种模式难以满足事业单位在新形势下对财务管理专业化的需求。

现代财务管理不仅需要准确的财务核算，还需要财务管理者具备宏观经济分析、资金统筹规划、财务风险评估等多方面的能力。事业单位在公共服务中承担着越来越多的复杂任务，如大型基础设施建设、公共健康管理等，这些任务都要求财务管理能够提供更专业的支持，帮助单位进行长期规划和科学决策。要应对这一挑战，事业单位需要提升财务管理的专业化水平。不仅包括引入具备高水平专业素养的财务管理人才，还需要建立起一套完善的培训机制，持续提升现有财务人员的专业能力。同时，单位还应积极引进和运用先进的财务管理工具和技术，提升财务管理的科学性和决策支持能力。

2. 资金管理的透明度与合规性要求增加

在当前社会对公共资金使用的透明度和合规性要求日益提高的背景下，事业单位的财务管理面临着更加严格的监督和审查。对单位的资金管理提出了更高的要求，不仅要确保资金的规范使用，还要加强对资金使用过程的全程监控和信息披露。

事业单位的资金管理往往涉及多个部门和多个项目，资金使用的流程复杂且透明度不高。传统的资金管理模式难以满足现代公共管理对资金管理透明度的要求，容易引发社会对公共资金使用的质疑。这一挑战要求事业单位在财务管理结构上进行调整，提升资金管理的透明度和合规性，确保每一笔资金的使用都公开透明，符合相关法律法规的规定。为了应对这一挑战，事业单位需要加强内部控制，建立健全的资金使用监控和审计机制。单位应制定详细的资金使用管理制度，明确各部门和岗位的职责与权限，确保资金使用的每一个环节都有严格的控制措施。同时，单位还应加强信息公开，通过定期发布财务报告和审计结果，增强社会对公共资金使用的信任。

3. 财务管理信息化水平有待提升

信息化是现代财务管理的发展趋势，事业单位在这一领域也不例外。然而，目前许多事业单位的财务管理信息化水平仍然较低，主要依赖传统的手工操作和纸质记录，信息系统的应用有限，难以实现财务管理的高效化和精准化。

低水平的信息化管理不仅降低了财务管理的效率，还增加了财务操作中的出错风险。信息化水平的不足还使得单位在进行财务数据分析和管理决策时，缺乏准确的数据支持，影响了决策的科学性。

提升财务管理信息化水平，事业单位需要加大对信息系统的投入，逐步实现财务管理的数字化和智能化。单位应引入先进的财务管理软件和系统，整合各类财务数据资源，实现财务信息的自动化处理和实时更新。此外，单位还应通过培训和引导，提升财务人员对信息系统的操作技能，确保信息化系统能够高效运作，为财务管理提供有力支持。

事业单位的财务管理结构在保障公共资源的合理配置和使用方面起着重要作用，但也面临着专业化需求提升、资金管理透明度要求增加和信息化水平不足等多重挑战。为了应对这些挑战，事业单位需要在财务管理结构和机制上进行深度调整和优化，提升管理效能，确保财务管理能够有效支持单位的公共服务职能。在未来的发展中，事业单位应通过加强专业化管理、提高信息化水平和增强透明度，持续提升财务管理的科学性和有效性，为实现更高水平的公共管理提供坚实保障。

二、财务管理机制的创新与优化

在当今快速变化的经济环境中，传统的财务管理机制已难以完全适应企业日益复杂的管理需求。全球化、信息技术的发展以及市场竞争的加剧，都要求企业不断创新与优化其财务管理机制，以保持竞争优势和实现可持续发展。财务管理机制的创新与优化不仅是企业提升管理效能的必要手段，也是实现战略目标、提升财务管理质量的关键路径。

（一）基于大数据与智能化的财务管理机制创新

随着大数据和人工智能技术的快速发展，传统的财务管理方式正面临前所未有的变革。大数据和智能化技术为财务管理提供了全新的工具和方法，使得企业能够更加精准、实时地管理财务资源，进行风险控制和决策支持。基于这些新技术的财务管理机制创新，不仅能够提升财务管理的效率和准确性，还能帮助企业在激烈的市场竞争中抢占先机。

1. 大数据在财务管理中的应用

大数据技术通过对海量数据的采集、存储、处理和分析，能够为企业财务管理提供丰富的数据支持和洞察。传统的财务管理通常依赖历史财务报表和经验判断，而大数据技术则能够通过对企业内部数据和外部市场数据的综合分析，提供更加全面和深入的财务分析结果。

通过大数据技术，企业可以实现对财务数据的实时监控和动态分析，及时发现财务管理中的问题和风险。例如通过对现金流数据的实时监控，企业可以预测资金链的变化趋势，提前采取措施避免资金短缺或过剩。大数据还可以帮助企业进行精细化的成本分析，通过对生产、销售、采购等环节的数据分析，识别成本控制中的薄弱环节，从而制定更加有效的成本控制措施。

大数据技术的应用还能够提升财务预测和决策的科学性，通过对历史数据和市场趋势的分析，企业可以进行更加准确的财务预测，制订更加符合实际情况的预算和财务计划。大数据还能够通过对市场数据的分析，帮助企业识别潜在的市场机会和风险，为财务决策提供数据支持。

2. 智能化技术对财务管理的影响

人工智能技术在财务管理中的应用，正在从根本上改变传统的财务管理方式。智能化技术通过自动化、机器学习和智能决策支持，能够大幅度提高财务管理的效率和精度。

智能化技术可以实现财务管理流程的自动化，通过自动化软件，企业可以将大量重复性的财务操作任务自动化处理，如账务处理、发票管理、报销审批等。这不仅能够减少人工操作的错误率，还能大幅降低财务管理的成本。自动化技术还能够通过智能工作流和机器人流程自动化（RPA），实现复杂财务流程的自动化处理，提高财务管理的效率。人工智能技术能够提供智能决策支持，通过机器学习算法，人工智能可以对大量财务数据进行深度分析，发现数据中的潜在模式和规律，从而为财务决策提供有价值的洞察。例如人工智能可以通过分析企业的财务报表和市场数据，预测未来的财务趋势和风险，为企业管理层提供科学的决策支持。

智能化技术的应用还能够提升财务风险管理的能力，通过智能监控系统，企业可以实时监控财务数据的变化，及时发现异常情况，并通过自动预警系统，提前采取应对措施，降低财务风险。人工智能技术还可以通过智能合规管理系统，自动审查企业的财务操作是否符合法律法规，减少合规风险。

（二）基于战略财务管理的机制优化

财务管理不仅仅是对企业日常财务活动的管理，更是实现企业战略目标的重要工具。基于战略财务管理的机制优化，要求企业将财务管理与战略管理紧密结合，通过优化财务决策流程、加强战略财务分析和提升财务管理的战略支持能力，确保财务管理能够有效服务于企业的长期发展目标。

1. 优化财务决策流程

财务决策是企业管理的核心环节之一，直接影响到企业的资源配置、风险管理和战略实施效果。传统的财务决策流程往往过于依赖历史数据和经验判断，缺乏对未来市场环境和战略需求的充分考虑。基于战略财务管理的机制优化，要求企业在财务决策中引入更多的战略分析工具和方法，提升决策的前瞻性和科学性。

企业应优化财务决策的组织流程，确保决策过程中的信息流动顺畅和决策者之间的沟通充分。通过建立跨部门的财务决策委员会，企业可以将财务管理、战略管理、风险控制等多个职能部门的力量整合起来，形成综合性的决策支持团队。这样不仅能够提高决策的科学性，还能确保财务决策与企业整体战略目标的一致性。

企业应在财务决策中加强战略分析的深度和广度，通过引入战略财务分析工具，如平衡计分卡、财务比率分析和投资回报分析等，企业可以全面评估不同财务决策方案的战略适配性和潜在风险，从而选择最优的决策方案。此外，企业还应在财务决策中充分考虑外部市场环境的变化和竞争态势，确保财务决策能够适应市场的变化，支持企业的长期发展战略。

2. 提升战略财务分析能力

战略财务分析是基于企业战略目标，对企业的财务状况、经营成果和现金流量进行全面分析和评估，从而为战略决策提供支持。提升战略财务分析能力，要求企业在财务管理中加强对数据的深度挖掘和对战略信息的综合分析。

企业应通过建立完善的战略财务分析体系，确保财务分析能够全面覆盖企业的各项业务活动和战略目标。通过引入战略财务分析模型，如杜邦分析、现金流分析和资本结构分析等，企业可以系统评估不同战略方案对财务状况的影响，从而为管理层的战略决策提供科学依据。企业加强对财务数据的深度挖掘和分析，通过数据挖掘技术和财务分析软件，深入了解财务数据背后的潜在规律和趋势。通过这种方式，识别出财务管理中的潜在问题和风险，提出有针对性的改进建议，从而提升财务管理的科学性和有效性。

企业应在战略财务分析中加强对外部市场信息的整合，通过收集和分析市场数据、行业动态和竞争对手信息，了解市场环境的变化趋势，并将这些信息融入财务分析中，从而为企业的战略财务决策提供全面支持。

3. 提升财务管理的战略支持能力

财务管理的战略支持能力是指财务管理在支持企业战略实施和提升战略执行力方面的作用。为了提升财务管理的战略支持能力，企业需要在财务管理机制中引入更多的战略管理元素，并通过机制优化，确保财务管理能够与企业战略目标紧密对接。

企业应在财务管理中明确战略目标导向，确保财务管理的各项工作都能够服务于企业的战略实施。例如企业可以通过制订战略财务规划，将财务管理目标与企业的战略目标相结合，并将其分解为具体的财务管理任务，确保财务管理能够有效支持战略目标的实现。

加强财务管理与战略管理的协同，通过建立跨部门的战略财务管理机制，确保财务管理部门与战略管理部门之间的紧密合作。例如企业可以通过定期召开战略财务管理会议，确保财务管理部门能够及时了解企业的战略需求，并根据战略需求调整财务管理策略。企业还可以通过建立战略财务分析团队，专门负责为企业的战略决策提供财务支持和分析服务。加强对战略执行效果的财务监控，通过建立财务指标体系，实时监控企业战略实施的财务状况。通过设定关键财务指标（KPI），如净利润率、资产回报率和现金流状况等，监控战略实施过程中的财务表现，并根据监控结果及时调整战略实施计划，从而确保战略目标的顺利实现。

财务管理机制的创新与优化，是提升企业管理水平和实现长期战略目标的重要手段。通过引入大数据和智能化技术，企业可以显著提升财务管理的效率和决策科学性；通过基于战略财务管理的机制优化，企业可以确保财务管理与战略目标的紧密对接，并有效支持战略的实施。在未来的发展中，企业应继续推动财务管理机制的创新与优化，以适应不断变化的市场环境和管理需求，实现企业的可持续发展。

三、财务管理结构与机制优化的效果评估

财务管理结构与机制的优化是企业提升管理效率、降低运营风险、实现可持续发展的重要手段。然而优化后的财务管理结构与机制是否真正达到了预期目标，需要通过系统的效果评估来验证。效果评估不仅能够帮助企业了解优化措施

的实际效果，还能为进一步的调整和改进提供依据。

（一）财务管理结构优化的效果评估

财务管理结构优化的效果评估主要集中在组织架构的合理性、职能分配的有效性以及决策链条的流畅性等方面。通过系统的评估，企业可以了解财务管理结构优化的实际效果，并识别其中存在的不足，以便进一步调整和完善。

1. 组织架构的合理性评估

组织架构的合理性是衡量财务管理结构优化效果的重要标准，合理的组织架构应当能够清晰地定义各部门和岗位的职责与权限，确保财务管理工作的高效运作。评估组织架构的合理性，检查各级财务管理部门的职能是否得到了有效发挥，各部门之间的协作是否顺畅，以及上下级之间的沟通是否通畅。

在评估过程中，企业可以通过对比优化前后的组织架构图，分析是否消除了冗余的管理层级或不必要的管理岗位，是否简化了决策链条，从而提高了管理效率。合理的组织架构应当能够减少层级之间的信息传递延误，确保决策能够快速而有效地贯彻执行。

企业还应评估组织架构的灵活性和适应性，尤其是在面对市场环境变化或业务扩展时，组织架构是否能够快速响应并进行相应调整。通过对组织架构合理性的评估，企业可以进一步优化财务管理结构，确保其能够适应企业的发展需求。

2. 职能分配的有效性评估

职能分配的有效性是财务管理结构优化效果评估的另一个重要方面，有效的职能分配应当能够避免职责重叠和权责不清，确保每个财务管理岗位都能明确自身的职责范围，并对其管理结果负责。评估职能分配的有效性，企业需要检查各岗位的职责是否得到了充分履行，各岗位之间的配合是否顺畅。

在评估过程中，企业可以通过审查各岗位的工作职责说明书、考核标准以及绩效考核结果，分析职能分配是否合理。有效的职能分配应当能够确保各岗位的工作任务明确，考核指标清晰，并能够通过科学的绩效管理体系对员工的工作表现进行准确评估。

企业还应评估职能分配的灵活性，即在面对业务调整或管理层级变化时，职能分配是否能够进行相应的调整和优化。通过对职能分配有效性的评估，企业可以发现并纠正职能分配中的不合理之处，进一步提升财务管理结构的效率和效果。

3. 决策链条的流畅性评估

决策链条的流畅性直接影响到企业的财务管理效率和决策执行效果，优化后的财务管理结构应当能够简化决策流程，减少决策环节中的延误和信息失真。评估决策链条的流畅性，企业需要检查财务管理决策的层级设置是否合理，决策流程是否高效。

在评估过程中，企业可以通过分析财务决策的时间跨度、决策环节的设置以及决策执行的效果，判断决策链条的流畅性。流畅的决策链条应当能够确保决策信息的快速传递和准确理解，避免因决策层级过多或信息传递不畅而导致的决策延误或失误。

企业还应评估决策链条的透明度，即决策过程是否公开透明，各级管理人员是否能够清晰了解决策的背景和依据。通过对决策链条流畅性的评估，企业可以优化财务管理决策流程，确保决策能够快速高效地执行。

（二）财务管理机制优化的效果评估

财务管理机制的优化效果评估，主要集中在财务管理流程的效率、内部控制的有效性以及财务风险管理的水平等方面。通过科学的评估方法，企业可以了解机制优化的实际效果，并为进一步的机制调整提供数据支持。

1. 财务管理流程效率的评估

财务管理流程的效率是衡量机制优化效果的重要标准，高效的财务管理流程应当能够简化操作步骤，减少不必要的审批环节，并通过自动化和信息化手段提升管理效率。评估财务管理流程的效率，企业需要检查各项财务操作的时间成本、人力成本以及错误率。

在评估过程中，企业可以通过流程时间分析、工作流优化结果以及信息系统应用效果，判断流程效率是否得到了提升。高效的财务管理流程应当能够减少人为操作失误，提升数据处理的准确性和实时性，从而提高整体财务管理效率。

企业还应评估流程的灵活性和适应性，即在面对业务变化或外部环境调整时，财务管理流程是否能够快速响应并进行相应调整。通过对流程效率的评估，企业可以进一步优化财务管理机制，确保其能够适应企业的发展需求和市场变化。

2. 内部控制有效性的评估

内部控制是保障企业财务管理安全性和合规性的重要机制，优化后的内部控制应当能够提高对财务操作的监督力度，减少财务风险和操作风险。评估内部控制的有效性，企业需要检查各项控制措施的落实情况，以及控制漏洞的发现和修正能力。

在评估过程中，企业可以通过内部审计结果、风险事件统计和控制测试等手段，判断内部控制是否达到了预期效果。有效的内部控制应当能够及时发现财务操作中的异常情况，并通过相应的控制措施加以纠正，避免风险的进一步扩大。

企业还应评估内部控制的适应性，即在面对新的业务形态或外部环境变化时，内部控制是否能够及时调整并发挥作用。通过对内部控制有效性的评估，企业可以识别并修正内部控制中的不足之处，进一步提升财务管理机制的安全性和可靠性。

3. 财务风险管理水平的评估

财务风险管理水平是衡量机制优化效果的重要指标，优化后的财务管理机制应当能够提高企业对财务风险的识别、评估和应对能力，从而降低企业的财务风险暴露。评估财务风险管理水平，企业需要检查风险识别的准确性、风险评估的科学性以及风险应对措施的有效性。

在评估过程中，企业可以通过风险事件记录、风险评估报告以及风险管理措施的实施效果，判断风险管理水平是否得到了提升。有效的风险管理应当能够准确识别潜在的财务风险，并通过科学的评估方法量化风险的可能性和影响程度，从而制定相应的应对策略。企业还应评估风险管理的全面性，即是否涵盖了所有可能的风险领域，以及风险管理措施是否能够在不同的风险情境下发挥作用。通过对风险管理水平的评估，企业可以进一步优化风险管理机制，确保财务管理的稳健性和安全性。

财务管理结构与机制优化的效果评估，是企业确保管理措施有效性的重要步骤。通过对组织架构的合理性、职能分配的有效性、决策链条的流畅性以及财务管理流程效率、内部控制有效性和财务风险管理水平的系统评估，企业可以全面了解优化措施的实际效果，并为进一步的调整和完善提供科学依据。在未来的发展中，企业应持续进行效果评估，确保财务管理结构与机制的优化能够真正支持企业的战略目标和长期发展。

第四节 内部审计与财务管理的协同效应分析

一、内部审计与财务管理的协同效应概述

在现代企业管理中，内部审计与财务管理是两个密不可分的职能部门，它们在各自领域发挥着重要作用。然而当这两个部门实现有效协同时，其产生的协同效应将远超各自独立运作的效果。内部审计不仅是财务管理的监督者，也是其重要的支持者，通过风险评估、流程优化和合规性审查，内部审计为财务管理提供了关键的保障。而财务管理则为内部审计提供了丰富的数据资源和信息支持，帮助其更精准地识别和评估风险。

（一）协同效应的基础

内部审计与财务管理的协同效应建立在两者紧密的职能关联性和共同的管理目标之上，协同效应的基础在于两者之间的信息共享、流程对接和目标一致性。这些要素共同作用，确保内部审计与财务管理在企业管理中形成合力，推动企业整体管理效能的提升。

1. 信息共享与数据整合

信息共享与数据整合是内部审计与财务管理协同效应的核心基础，财务管理部门日常处理大量的财务数据，包括预算、成本、收入、资产负债等，而这些数据对于内部审计来说，是进行审计分析、风险评估的重要资源。通过信息共享，财务管理部门能够为内部审计提供完整、准确的财务数据支持，使其能够更好地识别潜在的财务风险和管理漏洞。

内部审计在审计过程中获取的审计发现、风险评估结果和控制建议，能够为财务管理提供有价值的信息反馈。这种反馈机制不仅帮助财务管理部门及时发现

并纠正管理中的问题，还能为其优化财务流程、加强内部控制提供重要依据。通过信息共享与数据整合，内部审计与财务管理能够形成信息流动的闭环，确保管理决策的科学性和执行的有效性。

2. 流程对接与协调

流程对接与协调是内部审计与财务管理协同效应的另一重要基础，财务管理涉及多个复杂的业务流程，如预算编制、资金管理、成本控制等，而这些流程的有效运行需要严格的内部控制和监督。内部审计通过对这些财务管理流程的审查和评估，确保其符合企业的管理标准和风险控制要求。

内部审计与财务管理的流程对接不仅体现在审计过程中，也体现在财务管理的日常运作中。通过协同设计和优化财务管理流程，内部审计能够帮助财务管理部门识别流程中的风险点和低效环节，提出改进建议，从而提高财务管理的效率和效果。此外，内部审计在流程优化后的监督和反馈，进一步强化了财务管理的执行力，确保流程优化措施得到了有效落实。

3. 目标一致性与战略协同

目标一致性与战略协同是内部审计与财务管理协同效应的最终表现，尽管内部审计和财务管理在职能上有所区分，但两者的最终目标都是为了提升企业的整体管理效能，确保企业财务的稳健性和可持续发展。通过实现目标一致性和战略协同，内部审计与财务管理能够共同推动企业战略目标的实现。

在实际操作中，财务管理部门的目标通常包括财务报表的准确性、预算的合理性、成本控制的有效性等，而内部审计的目标则是确保这些财务管理活动的合规性和风险可控性。当内部审计与财务管理的目标保持一致时，内部审计能够更有针对性地开展审计工作，提供切实可行的改进建议，助力财务管理目标的实现。同时，财务管理部门也能够通过对内部审计结果的应用，增强财务管理的科学性和可操作性，从而实现战略协同效应。

（二）协同效应的实现路径

内部审计与财务管理协同效应的实现，需要通过系统化的路径和方法来保障。信息共享机制、流程对接平台和目标协同框架，是实现协同效应的三条关键路径。这些路径的建设不仅需要制度化的保障，还需要技术支持和管理层的推动。

1. 建立信息共享机制

信息共享机制是实现协同效应的基础路径之一，为了确保内部审计与财务管理之间的信息流动顺畅，企业需要建立系统化的信息共享机制。这一机制包括数据共享平台的建设、信息共享流程的设计以及信息安全保障措施。

在数据共享平台的建设方面，企业可以采用集成化的信息管理系统，将财务管理系统与审计管理系统进行数据接口整合，实现数据的实时共享和自动传输。通过这样的平台，财务管理部门可以将日常产生的财务数据及时共享给内部审计部门，减少人为数据传递中的延误和错误。

信息共享流程的设计则需考虑信息的时效性和相关性，企业应明确哪些信息需要共享，如何共享，及共享的时限要求。还应规定信息共享的责任和权限，确保信息的共享不影响数据的安全性和保密性。

为了保障信息共享的安全性，企业还需要制定严格的信息安全措施，包括对数据访问权限的控制、信息传输过程中的加密技术应用、以及信息共享后的审计和监控等。这些措施能够防止信息共享过程中可能出现的安全风险，确保信息共享机制的高效运行。

2. 搭建流程对接平台

流程对接平台是实现协同效应的另一关键路径，内部审计与财务管理的流程对接不仅仅是流程的简单衔接，而是要通过系统化的平台建设，实现流程的无缝连接和协同运作。

企业可以通过流程管理系统，将内部审计的审计流程与财务管理的业务流程进行对接。通过这种对接，内部审计能够在财务管理流程的关键环节介入，进行实时审计和风险评估，确保流程的合规性和有效性。同时，财务管理部门也能够通过对接平台，实时了解审计过程中的发现和建议，及时调整和优化流程。

流程对接平台的建设还应考虑到流程的标准化和灵活性，标准化的流程有助于减少人为操作中的失误，确保审计和财务管理活动的规范性。而灵活性则能够保证流程在面对外部环境变化或业务调整时，能够进行快速响应和适应。通过流程对接平台的搭建，企业能够实现内部审计与财务管理的高效协同，提升整体管理效能。

3. 构建目标协同框架

目标协同框架是实现内部审计与财务管理协同效应的最终路径，为了确保两者的目标一致性和战略协同，企业需要构建一个系统化的目标协同框架。

框架包括目标设定、目标分解、目标执行和目标评估四个环节，在目标设定环节，企业需要确保内部审计和财务管理的目标与企业整体战略目标一致。通过对企业战略目标的解读，内部审计和财务管理能够确定各自的职能目标，并通过目标协同框架，将这些目标进行统一规划。

在目标分解环节，企业需要将内部审计和财务管理的目标进一步分解为具体的工作任务和考核指标，这些任务和指标应具有明确的可操作性和可衡量性，确保在执行过程中能够得到有效落实。

目标执行环节是目标协同框架的核心，在这一环节，企业需要确保内部审计和财务管理能够按照既定的目标和计划开展工作，并通过协同机制，实现两者在执行中的紧密配合。目标执行的效果直接关系协同效应的实现，因此企业需要对执行过程进行持续的监控和调整，确保目标的顺利实现。目标评估环节是目标协同框架的闭环，企业需要对内部审计和财务管理的目标执行效果进行系统评估，分析目标任务是否实现，协同效应是否显现。通过评估，企业能够总结协同工作的经验和教训，并为下一阶段的目标设定和执行提供参考。

内部审计与财务管理的协同效应是企业提升管理效能的重要途径，通过建立在信息共享、流程对接和目标一致性基础上的协同机制，企业能够实现内部审计与财务管理的高效合作，推动整体管理水平的提升。在实现协同效应的路径中，信息共享机制、流程对接平台和目标协同框架是关键所在。

二、内部审计与财务管理协同效应的实现路径

内部审计与财务管理在企业中分别扮演着监督与管理的角色，两者的有效协同能够显著提升企业整体的管理效能。然而要实现内部审计与财务管理之间的协同效应，必须依靠系统化的实现路径。这些路径包括优化信息共享机制、建立协同工作流程、加强战略目标一致性等，只有通过这些途径的有效实施，才能确保两者之间的合作达到预期的协同效应。

（一）优化信息共享机制

1. 建立统一的数据管理平台

为了实现信息共享，企业需要建立一个统一的数据管理平台。平台应能够整合财务管理系统与审计管理系统，使得内部审计部门和财务管理部门都可以访问并使用同一套数据源。统一的数据管理平台不仅能提高信息的传递效率，还能确保数据的一致性和准确性，避免因数据孤岛现象导致的信息不对称。

在数据管理平台的建设过程中，企业应着重解决数据标准化问题。数据标准化是指在平台中采用统一的格式、标准和编码规则，以确保不同部门在处理数据时具有一致的理解和操作方式。通过标准化，企业可以消除数据重复录入和手动转换的需求，减少人为错误和数据偏差。数据管理平台应具备实时更新和动态监控的功能，以便在管理和审计过程中随时获取最新的数据变化情况。这种实时性的数据支持能够帮助财务管理部门及时调整财务策略，也能使内部审计在审计过程中更加精准和高效。

2. 加强跨部门的信息沟通

在实现信息共享的过程中，除了技术平台的搭建外，跨部门的信息沟通也至关重要。为了确保信息能够在内部审计和财务管理之间顺畅传递，企业需要建立定期的信息沟通机制。

定期的信息沟通机制可以采取例会、专题会议、联合工作组等形式，通过这些形式，内部审计部门和财务管理部门能够定期汇报各自的工作进展、发现的问题和改进建议。信息沟通不仅可以解决日常管理和审计中的问题，还可以为重大财务决策和审计项目提供支持。

在沟通过程中，企业还应注意信息的透明度和保密性。信息透明度指的是相关信息应对有需要的部门公开，确保信息的有效利用。而保密性则要求企业对敏感信息进行严格的权限控制，防止信息泄露对企业造成不必要的风险。

3. 建立信息反馈与反馈循环

信息反馈是确保信息共享机制有效运行的关键步骤，在内部审计和财务管理协同过程中，信息不仅需要共享，还需要建立反馈机制，以便双方能够及时调整和改进各自的工作。

企业可以通过建立反馈循环，将信息共享的成果转化为实际的管理和审计改进。例如财务管理部门在接收到内部审计的风险评估报告后，可以立即采取相应的风险控制措施，并将实施结果反馈给内部审计部门。内部审计部门则可以根据这些反馈，调整审计策略和重点，形成持续改进的闭环管理模式。通过信息反馈与反馈循环，企业能够确保内部审计和财务管理的协同效应得以持续深化，并在不断的循环过程中提高协同工作的质量和效果。

（二）建立协同工作流程

1. 设计协同工作流程

设计协同工作流程的首要任务是明确内部审计与财务管理在各项业务活动中的角色和职责，在具体操作中，企业应将协同工作流程嵌入日常的管理和审计活动中，确保两者的工作能够有序衔接。

协同工作流程应涵盖财务预算管理、资金流动管理、成本控制、风险管理等关键环节，在这些环节中，内部审计与财务管理需要在制订计划、执行管理和风险评估等方面进行协同。通过明确的流程设计，企业能够确保每个环节都能得到充分的审查和优化，从而减少管理和操作中的漏洞。协同工作流程还应具有灵活性，以适应企业业务的变化和外部环境的调整。在设计过程中，企业应考虑到可能出现的各种变数，并为流程的调整和优化预留空间。通过这种灵活的设计，协同工作流程能够在面对不同挑战时保持高效运作。

2. 推行协同管理机制

为了确保协同工作流程的有效执行，企业需要推行协同管理机制。协同管理机制包括协同工作的管理制度、协同绩效考核以及协同文化建设等方面。

在协同管理机制中，管理制度是基础。企业建立明确的协同工作制度，规定内部审计与财务管理在各项工作中的合作方式、流程节点和工作要求。这些制度不仅能够规范协同工作的操作，还能为日常管理提供行为指南。

协同绩效考核是确保协同工作得以有效执行的重要手段，企业应在绩效考核体系中引入协同指标，考核内部审计与财务管理在协同工作中的表现。通过绩效考核，企业可以激励两者在协同工作中积极合作，并根据考核结果不断改进工作流程和方法。协同文化建设则是协同管理机制的长效保障，通过培养协同合作的企业文化，企业能够增强内部审计与财务管理的合作意识，形成自觉的协同工作习惯。协同文化的建立需要通过持续的培训、沟通和管理层的引导，确保协同工作能够深入人心，成为企业管理的一部分。

3. 实施协同工作流程的动态调整

协同工作流程的动态调整是确保其始终适应企业发展需要的关键，企业应建立流程监控和调整机制，确保在管理和审计过程中发现的问题能够及时反馈并进行调整。

企业可以通过定期的流程评估，检查协同工作流程的执行效果，识别流程中的瓶颈和低效环节。根据评估结果，企业可以对流程进行优化调整，确保协同工作能够顺利进行。同时，企业还应为流程的调整制定明确的规则和程序，确保调整过程的有序和高效。动态调整不仅涉及流程的优化，还包括对协同管理机制的完善。通过不断的调整和改进，企业能够确保内部审计与财务管理的协同效应得以持续增强，并在实践中不断深化。

内部审计与财务管理协同效应的实现，需要依托优化的信息共享机制和建立协同工作流程等系统化路径。这些路径的有效实施，能够确保两者之间的紧密合作，提升企业整体的管理效能。通过信息共享机制的优化，内部审计与财务管理能够在信息层面实现无缝对接；通过协同工作流程的建立，企业能够在具体业务和管理活动中实现两者的协同合作。随着企业管理需求的不断变化，内部审计与财务管理的协同效应将进一步显现，为企业的持续发展提供更强有力的支持。

第六章 财务分析与决策支持

第一节 财务分析基础理论

一、财务分析的基本概念与目的

财务分析是企业管理中至关重要的一个环节,通过对企业财务数据的系统化处理和深入分析,财务分析能够为企业的管理决策提供科学依据。随着现代企业管理复杂性的增加,财务分析的作用也愈发重要。理解财务分析的基本概念和目的,有助于企业在动态的市场环境中做出更为精准的决策,并实现资源的最优配置。

(一)财务分析的基本概念

财务分析是指通过对企业的财务报表及其他相关数据进行分析与解读,以揭示企业财务状况、经营成果和现金流动情况的一种管理工具。财务分析的主要目的是通过系统地分析和整理企业的财务信息,帮助管理层、投资者、债权人等相关利益者全面了解企业的经营绩效和财务健康状况。

1. 财务分析的定义与范围

财务分析的定义可以从广义和狭义两个角度进行理解,广义的财务分析不仅包括对企业财务报表的分析,还涵盖对企业内外部环境、市场动态、行业趋势等信息的综合分析。狭义的财务分析则主要集中于企业的财务报表分析,即通过对资产负债表、利润表和现金流量表等核心财务报表的分析,评估企业的财务状况和经营成果。

财务分析的范围广泛,主要包括以下几个方面。

(1)盈利能力分析:通过分析企业的收入、成本、利润等指标,评估企业的盈利水平和盈利质量。

（2）偿债能力分析：通过分析企业的负债结构和现金流量，评估企业偿还债务的能力。

（3）营运能力分析：通过分析企业资产的周转情况，评估企业资产的使用效率和运营效率。

（4）发展能力分析：通过分析企业的资本结构、投资回报率等指标，评估企业的持续发展潜力。

（5）现金流量分析：通过分析企业的现金流入和流出，评估企业的现金流管理能力和财务稳健性。

2. 财务分析的方法与工具

财务分析的方法主要包括比率分析、趋势分析、结构分析和杜邦分析等，不同的方法侧重于分析财务报表中的不同方面，能够帮助企业从多个角度了解其财务状况。

（1）比率分析：通过计算财务比率，如流动比率、速动比率、资产负债率等，评估企业的短期偿债能力、长期偿债能力和盈利能力等。

（2）趋势分析：通过对比企业多个时期的财务数据，分析财务指标的变化趋势，从而判断企业的经营状况和发展方向。

（3）结构分析：通过分析企业各项资产、负债和权益的构成及其比例关系，评估企业的资本结构合理性和财务风险。

（4）杜邦分析：通过分解企业的净资产收益率（ROE），分析企业盈利能力、资产使用效率和财务杠杆的综合作用。

财务分析的工具通常包括财务报表、财务比率计算器、数据分析软件等。现代企业还可以利用大数据分析工具和人工智能技术，进一步提升财务分析的深度和精确性。

3. 财务分析的核心要素

财务分析的核心要素包括财务数据的真实性、分析方法的科学性、分析结果的适用性以及分析过程的持续性。确保这些核心要素的可靠性，是财务分析取得成功的关键。

（1）财务数据的真实性：财务数据是财务分析的基础，只有确保财务数据的准确性和真实性，才能得到可靠的分析结果。

(2) 分析方法的科学性：财务分析的方法需要根据企业的实际情况进行选择和调整，确保分析过程的科学性和合理性。

(3) 分析结果的适用性：财务分析的结果应能够为企业管理决策提供实际的参考价值，帮助企业实现其经营目标。

(4) 分析过程的持续性：财务分析不是一次性的工作，而是需要在企业运营过程中持续进行，以及时发现问题并进行调整。

（二）财务分析的目的

财务分析的目的在于通过系统化的分析手段，揭示企业的财务健康状况和经营效益，从而为企业管理决策、投资者决策以及债权人评估提供可靠依据。不同的利益相关者在财务分析中的关注点各有不同，但其核心目的都是为了确保决策的科学性和合理性。

1. 帮助企业管理层进行决策

企业管理层是财务分析的主要受益者之一，通过财务分析，管理层能够全面了解企业的财务状况、运营效率和市场表现，从而做出更加科学的经营决策。

(1) 制定经营战略：财务分析能够为企业管理层制定经营战略提供依据。例如，通过盈利能力分析，管理层可以确定企业的核心盈利领域，并制定相应的市场策略。

(2) 优化资源配置：通过分析企业各项资产的使用效率和收益水平，管理层可以优化资源配置，确保企业资源的最大化利用。

(3) 控制财务风险：通过分析企业的偿债能力和资金流动性，管理层能够及时识别和控制财务风险，防止企业陷入财务困境。

(4) 提升管理效率：财务分析还能够帮助管理层发现企业管理中的不足之处，并制定相应的改进措施，以提升整体管理效率。

2. 为投资者提供决策支持

投资者通过财务分析，能够评估企业的投资价值和风险水平，从而做出是否投资的决策。财务分析能够帮助投资者了解企业的财务状况、盈利能力、增长潜力和财务风险等，为其投资决策提供数据支持。

(1) 评估投资回报：投资者可以通过财务分析了解企业的盈利能力和增长

前景，从而评估其投资回报的潜力。例如通过对净资产收益率（ROE）和每股收益（EPS）的分析，投资者可以判断企业的盈利能力是否具有吸引力。

（2）判断投资风险：通过分析企业的资本结构和债务水平，投资者可以判断企业的财务风险。资产负债率和流动比率的分析可以帮助投资者了解企业的偿债能力和财务稳定性，从而评估其投资风险。

（3）选择投资标的：投资者可以通过对比不同企业的财务数据和经营业绩，选择具有较高投资价值的企业作为投资标的。财务分析能够帮助投资者在众多选择中找到最具潜力的投资对象。

3. 帮助债权人评估企业信用

债权人通过财务分析，能够评估企业的偿债能力和财务稳定性，从而决定是否提供贷款或其他形式的融资支持。财务分析能够为债权人提供有关企业信用状况的全面信息，降低其信贷风险。

（1）评估偿债能力：通过对企业流动资产和流动负债的分析，债权人可以了解企业的短期偿债能力。流动比率和速动比率的计算能够帮助债权人判断企业的流动性是否充足，以应对短期债务。

（2）分析资本结构：债权人可以通过分析企业的资本结构，评估其长期偿债能力和财务风险。通过对企业长期负债与股东权益比率的分析，债权人可以判断企业的资本结构是否合理，从而评估其长期债务承受能力。

（3）监控企业财务状况：债权人在提供贷款后，可以通过持续的财务分析，监控企业的财务状况，及时发现可能影响偿债能力的财务问题，并采取相应的应对措施。

财务分析作为企业管理和决策支持的重要工具，其基本概念和目的在于通过系统的分析方法，为企业管理层、投资者和债权人等相关利益者提供准确、可靠的财务信息支持。通过财务分析，企业能够全面了解自身的财务状况，制定科学的经营决策；投资者能够评估企业的投资价值，做出合理的投资决策；债权人能够评估企业的信用水平，降低信贷风险。财务分析在现代企业管理中扮演着不可或缺的角色，为企业的可持续发展提供了坚实的基础。

二、财务分析的理论框架与方法论

财务分析是企业管理和决策支持的重要工具，其核心在于通过系统化的理论框架和科学的方法论，揭示企业的财务健康状况、经营绩效及其面临的风险与机会。在现代企业管理中，随着市场环境的复杂性增加，财务分析的理论框架和方法论也在不断发展和完善，以更好地满足企业多样化的管理需求。

（一）财务分析的理论框架

财务分析的理论框架为整个财务分析过程提供了系统化的思路和逻辑结构，这个框架帮助分析者从宏观到微观、从总体到细节，逐步深入地分析企业的财务状况。财务分析的理论框架通常包括三个主要部分：财务目标、分析对象和分析维度。

1. 财务分析的目标导向

财务分析的理论框架首先以财务目标为导向，所有的分析活动都应围绕特定的财务目标展开。财务目标的设定不仅为分析工作提供了方向，也确保分析结果的相关性和实用性。

财务目标通常可以分为以下几类。

（1）盈利性目标：评估企业的盈利能力是财务分析的核心目标之一。分析者关注的是企业的收入来源、成本结构、利润水平及其可持续性。通过分析这些指标，企业管理层可以判断当前的盈利模式是否有效，并做出相应调整。

（2）流动性目标：企业的流动性是财务健康的重要指标，流动性分析的目标在于确保企业在短期内拥有足够的现金或可变现资产以支付到期债务。分析者会关注企业的流动比率、速动比率等指标，以评估企业的短期偿债能力。

（3）稳定性目标：企业的财务稳定性关乎其长期的生存和发展，稳定性分析的目标在于评估企业的资本结构和负债水平。通过对资产负债表的分析，企业可以了解其长期偿债能力和财务杠杆的运用情况。

（4）增长性目标：企业的持续增长能力是分析的重要内容之一，增长性分析的目标在于评估企业的市场扩展、收入增长以及投资回报率。企业通过增长性分析，可以了解其未来的发展潜力，并制定相应的增长战略。

2. 财务分析的对象与内容

在理论框架中，财务分析的对象主要包括企业的财务报表及其相关数据。这些数据是进行财务分析的基础，通过对这些数据的系统分析，企业可以揭示其财务状况和经营成果。

财务分析的主要对象包括如下几方面。

（1）资产负债表：提供企业在特定时点上的财务状况，包括资产、负债和所有者权益的构成。分析者通过资产负债表，了解企业的资产结构、资本结构以及财务风险。

（2）利润表：反映企业在特定期间内的经营成果，主要包括收入、成本、费用和利润等项目。通过利润表分析，企业可以评估其盈利能力和成本控制效率。

（3）现金流量表：揭示企业在特定期间内的现金流入和流出情况。现金流量表分析有助于了解企业的现金流管理和财务稳健性。

（4）所有者权益变动表：展示了企业在报告期间内所有者权益的变化情况，主要包括新增资本、分红、净利润等。分析者通过此表了解企业的资本保值增值情况。

3. 财务分析的多维度视角

财务分析的理论框架还包括对分析维度的多层次考量，这些维度为分析者提供了从不同角度理解和解读财务数据的途径。主要的分析维度包括时间维度、空间维度和比较维度。

（1）时间维度：时间维度的分析主要是通过趋势分析来了解企业财务状况的变化，通过对多个时间点的财务数据进行比较，分析者可以发现企业的经营趋势和财务变化，从而预测未来的发展态势。

（2）空间维度：空间维度的分析是指将企业的财务数据与行业平均水平或主要竞争对手进行对比，这种分析能够帮助企业了解其在行业中的地位和竞争力，识别出自身的优势与劣势。

（3）比较维度：比较维度的分析包括横向和纵向的比较，横向比较是指将企业的财务数据与同一时期的行业或市场数据进行对比，而纵向比较则是指将企业不同时间段的财务数据进行比较。这种比较有助于分析者了解企业在不同环境下的财务表现。

（二）财务分析的方法论

财务分析的方法论为分析者提供了具体的技术工具和操作步骤，以科学、系统地分析和解读财务数据。不同的方法论适用于不同的分析目标和对象，下面将介绍几种主要的财务分析方法论。

1. 比率分析法

比率分析法是财务分析中最常用的工具之一，它通过计算和对比各种财务比率，揭示企业的财务状况和经营绩效。比率分析法的优势在于简便易行，并且能够为管理层和投资者提供直观的分析结果。

（1）流动比率和速动比率：用于评估企业的短期偿债能力，流动比率是流动资产与流动负债的比值，而速动比率则是在流动比率的基础上剔除库存等流动性较差的资产。

（2）资产负债率：用于评估企业的长期偿债能力，计算方法为总负债与总资产的比值。该比率反映了企业的负债水平与资本结构，较高的资产负债率可能意味着较高的财务风险。

（3）净资产收益率（ROE）：用于评估企业的盈利能力，计算方法为净利润与股东权益的比值。ROE反映了企业股东权益的收益水平，是投资者判断企业投资回报的重要指标。

（4）总资产收益率（ROA）：用于评估企业资产的使用效率，计算方法为净利润与总资产的比值。ROA反映了企业利用其总资产获得利润的能力。

比率分析法的局限性在于其依赖财务报表中的历史数据，且比率本身可能受到短期财务政策或市场波动的影响。因此，在使用比率分析时，应结合其他方法进行综合判断。

2. 趋势分析法

趋势分析法通过比较企业在不同时间点的财务数据，揭示其财务状况的变化趋势。趋势分析法能够帮助企业识别长期的财务趋势，预测未来的发展方向，并制定相应的管理对策。

（1）收入和利润趋势分析：通过比较企业多个年度的收入和利润数据，分析者可以了解企业的收入增长率和利润率变化，从而判断企业的增长潜力和盈利能力。

（2）成本结构趋势分析：通过分析企业在不同年度的成本结构，企业可以识别出成本上升的原因，寻找成本控制的改进空间。

（3）现金流趋势分析：通过对比企业多个时期的现金流量表数据，分析者可以了解企业现金流的变化趋势，预测未来的资金需求和流动性风险。

趋势分析法的优势在于能够揭示企业的长期发展趋势，但其局限性在于对过去数据的依赖性较强，且难以应对突发性的市场变化或企业策略调整。因此，趋势分析应与其他分析方法相结合，避免单一分析带来的偏差。

3. 杜邦分析法

杜邦分析法是对企业净资产收益率（ROE）进行分解分析的方法，通过拆解ROE的构成因素，分析企业盈利能力、资产使用效率和财务杠杆的影响。杜邦分析法能够帮助企业从多个角度了解其财务表现，找出影响ROE的关键因素。

（1）净利润率：反映企业的盈利能力，即企业销售收入中最终形成的净利润占比。净利润率越高，说明企业的盈利能力越强。

（2）资产周转率：反映企业资产的使用效率，即企业的总资产在一个时期内周转的次数。资产周转率越高，说明企业的资产利用效率越高。

（3）权益乘数：反映企业的财务杠杆，即企业通过负债融资对股东权益的放大作用。权益乘数越高，说明企业的财务杠杆作用越强，但也伴随着更高的财务风险。

杜邦分析法的优势在于其全面性和系统性，能够帮助企业深入分析ROE的变化原因。但其局限性在于对财务比率的敏感性较强，且可能因外部环境的变化而受到影响。

财务分析的理论框架和方法论为企业财务管理和决策支持提供了科学的依据和系统的方法。通过明确的分析目标、全面的分析对象和多维度的分析视角，企业能够全面了解其财务状况和经营绩效。运用比率分析、趋势分析和杜邦分析等方法，企业可以从不同角度解读财务数据，发现潜在的问题和改进的机会。在未来的财务管理实践中，企业应结合多种方法论，不断完善其财务分析框架，以适应不断变化的市场环境，实现可持续发展。

三、财务分析的创新趋势与技术应用

随着全球经济的不断发展和科技的飞速进步，财务分析的领域正在经历一场深刻的变革。传统的财务分析方法逐渐难以满足现代企业在复杂市场环境中的多样化需求。为了提升财务分析的效率和精准度，各种新兴技术正在被引入和应用于财务分析的各个方面。这些创新不仅极大地提高了财务数据处理的效率，还使得财务分析能够更好地支持企业的战略决策。

（一）大数据在财务分析中的应用

大数据技术的兴起为财务分析带来了革命性的变化，大数据技术通过对海量数据的采集、存储、处理和分析，能够从中挖掘出有价值的信息和洞察，这极大地扩展了财务分析的广度和深度。

1. 数据的多样性与整合

大数据技术的一个重要特点是其对多种数据源的整合能力，在传统的财务分析中，分析者通常只依赖财务报表和内部管理数据。然而随着大数据技术的发展，企业可以将外部的非结构化数据（如社交媒体信息、客户反馈、市场趋势等）与内部的结构化数据（如销售记录、成本数据、生产数据等）进行整合，从而获得更加全面和精准的分析视角。

通过对多样化数据的整合，企业能够深入了解市场动态、客户行为和行业趋势，进而做出更加科学的财务决策。例如，企业可以通过对市场数据的分析，预测未来的销售趋势，调整生产和库存策略；通过对客户数据的分析，了解客户偏好和需求变化，从而优化产品定价和推广策略。

大数据技术还能够处理实时数据，使得财务分析能够更加灵活和动态。例如通过实时监控现金流数据，企业可以及时发现资金异常情况，并采取相应措施进行调整，从而降低财务风险。

2. 高效的数据处理与分析

大数据技术的另一大优势在于其强大的数据处理能力，传统的财务分析方法通常依赖于人工处理和分析，效率较低且容易出现误差。而大数据技术通过自动化的数据处理和分析工具，能够在短时间内对海量数据进行处理，从中提取出有用的信息。

企业可以利用大数据技术对财务数据进行深度挖掘，识别出隐藏在数据中的模式和趋势。通过对历史销售数据的分析，企业可以预测未来的销售增长率和市场份额；通过对成本数据的分析，企业可以发现成本节约的潜在机会，优化资源配置。高效的数据处理还使得企业能够快速响应市场变化和管理需求，例如当市场出现突发性变化时，企业可以通过大数据分析快速调整财务策略，避免因决策滞后而导致的财务损失。

3. 数据驱动的决策支持

大数据技术不仅提升了财务分析的效率，还改变了企业的决策方式。通过数据驱动的财务分析，企业可以基于数据的洞察和预测结果，作出更加科学和精准的决策。

在传统的财务决策过程中，管理层往往依赖经验判断和历史数据，这种方式存在一定的主观性和局限性。而大数据技术通过对多维度数据的综合分析，为管理层提供了更加客观和全面的决策支持。例如企业可以通过大数据分析，评估不同投资项目的潜在收益和风险，从而选择最优的投资方案；通过对市场数据的分析，企业可以制定更加精准的市场营销策略，提高销售效果。

数据驱动的决策支持还能够帮助企业提前识别和防范财务风险，例如通过对财务数据的实时监控，企业可以及时发现财务异常情况，采取预防措施，避免风险扩大。

（二）人工智能与机器学习在财务分析中的应用

二是人工智能（AI）与机器学习技术的引入，使得财务分析不仅更加自动化，而且具备了自主学习和智能预测的能力。这些技术正在成为现代财务分析的核心工具之一，为企业带来了全新的分析维度和决策支持。

1. 自动化数据处理与分析

人工智能和机器学习技术可以极大地提高财务分析的自动化水平，通过自动化技术，企业可以将大量重复性和规则性的财务分析工作交由智能系统完成，从而减少人工操作的错误，并释放出更多的人力资源用于战略分析和决策。例如AI技术可以自动处理财务报表的编制、对账和审核等工作，减少了人工干预。这不仅提高了财务工作的效率，还降低了数据处理中的错误率。同时，机器学习算法能够通过对历史数据的学习和训练，自动识别出财务数据中的异常情况，帮助企业及时发现并解决潜在的财务问题。自动化的数据分析工具还能够实现数据的实时更新和分析，使得财务分析能够更加灵活和动态。企业管理层可以随时获取最新的财务数据和分析结果,快速做出应对市场变化的决策。

2. 智能预测与决策支持

人工智能和机器学习技术的另一个重要应用是智能预测和决策支持,通过对大量历史数据的学习和建模,AI系统可以预测未来的财务趋势和市场变化,为企业提供科学的决策支持。例如企业可以利用机器学习模型对销售数据进行分析,预测未来的销售增长率和市场需求变化,从而制定更加精准的生产计划和营销策略。通过对客户行为数据的分析,AI系统可以预测客户的购买意向和偏好,帮助企业优化客户关系管理和产品推广策略。

智能预测技术还可以用于风险管理和财务规划,例如通过对市场数据和财务数据的综合分析,AI系统可以预测可能的市场波动和财务风险,帮助企业制定相应的风险应对策略。机器学习算法还能够根据企业的财务目标和历史数据,自动生成财务规划和预算建议,支持企业的长期发展战略。

3. 自主学习与持续优化

人工智能和机器学习技术的一个重要特点是其自主学习和持续优化能力,通过不断学习新的数据和优化模型,AI系统能够持续提高财务分析的准确性和有效性。

在财务分析中,自主学习能力使得AI系统能够随着数据的变化不断调整分析策略,确保分析结果的准确性和时效性。AI系统可以根据最新的市场数据和财务数据,自动更新和优化预测模型,提供更加精准的预测结果。持续优化能力还使得AI系统能够在长期使用过程中不断提升性能,例如机器学习算法可以通过分析历史数据中的错误和偏差,自动调整模型参数,减少预测误差,从而提高分析结果的可靠性。通过自主学习与持续优化,AI系统能够帮助企业在动态的市场环境中保持竞争优势,确保财务分析的科学性和决策支持的有效性。

财务分析的创新趋势与技术应用正在深刻改变企业的管理模式和决策方式,大数据技术的引入使得财务分析能够处理更加多样化和海量的数据,提供更加全面和精准的分析结果;人工智能和机器学习技术的应用则使得财务分析更加自动化、智能化,并具备了自主学习和持续优化的能力。这些技术不仅提升了财务分析的效率和准确性,还为企业的战略决策提供了强有力的支持。在未来的发展中,随着技术的不断进步,财务分析将继续向智能化、实时化和个性化方向发展，为企业的可持续发展和竞争力提升提供更加坚实的基础。

第二节 财务报表分析

一、财务报表的构成与解读

财务报表是企业对外披露其财务状况、经营成果和现金流动情况的主要工具。它们不仅为企业管理层提供了管理和决策的依据，也为投资者、债权人和其他利益相关者提供了评估企业财务健康状况的基础。在财务分析中，理解财务报表的构成及其解读方法，是有效进行财务分析的前提。

（一）资产负债表的构成与解读

资产负债表作为反映企业在特定时段财务状况的核心报表，展示了企业的资产、负债及所有者权益的详细构成。资产负债表的解读可以帮助分析者了解企业的财务结构、偿债能力和财务稳健性。

1. 资产的构成与解读

资产是指企业所拥有的或控制的能为其带来经济利益的资源，资产的构成直接反映了企业的资源配置状况和运营能力。资产通常分为流动资产和非流动资产两大类。

流动资产。流动资产是指企业在一年内或一个经营周期内可以变现或耗用的资产，包括货币资金、应收账款、存货等。流动资产的分析重点在于其流动性和周转效率。例如，较高的应收账款可能表明企业销售较好，但也可能反映出收款风险增加。因此，分析者应关注应收账款周转率、存货周转率等指标，以评估企业的营运能力和资金流动性。

非流动资产。非流动资产是指企业持有时间较长，且不会在短期内变现的资产，包括固定资产、无形资产、长期投资等。非流动资产的构成能够反映企业的长期投资和资本投入情况。例如固定资产反映了企业的生产能力和资本密集度，而无形资产则可能体现企业的技术优势或市场竞争力。分析者应关注固定资产周转率、资产负债率等指标，以评估企业的资产管理效率和长期偿债能力。

2. 负债的构成与解读

负债是指企业在过去的交易或事项中所承担的现时义务，其清偿将导致企业经济利益的流出。负债的构成主要分为流动负债和非流动负债。

流动负债是指企业将在一年内或一个经营周期内清偿的债务，包括应付账款、短期借款等。流动负债的分析重点在于其到期时间和企业的偿债能力。例如较高的短期借款可能意味着企业资金周转的压力较大，因此分析者应关注流动比率、速动比率等指标，以评估企业的短期偿债能力。

非流动负债是指企业将在一年以上清偿的债务，包括长期借款、应付债券等。非流动负债的分析主要关注其对企业资本结构和财务风险的影响。例如，较高的长期借款可能导致企业的财务杠杆过大，从而增加财务风险。分析者应关注资产负债率、权益乘数等指标，以评估企业的长期偿债能力和财务稳健性。

3. 所有者权益的构成与解读

所有者权益是指企业资产扣除负债后由所有者享有的剩余权益，包括股本、资本公积、盈余公积和未分配利润等。所有者权益的构成反映了企业的资本结构和盈利能力。

股本是企业通过发行股票从投资者处募集的资本，它是所有者权益的基础部分。分析者应关注企业的股本结构，如普通股和优先股的比例，以及股本变化对企业财务状况的影响。

资本公积和盈余公积：资本公积是企业超出面值发行股票或股东捐赠等形成的资金积累，而盈余公积是企业从净利润中提取的储备资金，两者都是企业在资本运营和利润分配中的重要组成部分。分析者应关注资本公积和盈余公积的变化，评估企业的资本管理和分红政策。

未分配利润是企业历年经营中积累的尚未分配给股东的利润。它反映了企业的盈利能力和未来发展潜力。分析者应关注未分配利润的变动情况，评估企业的再投资能力和盈利分配策略。

（二）利润表的构成与解读

利润表作为企业在特定期间内经营成果的集中体现，展示了企业的收入、成本、费用及最终的利润情况。通过解读利润表，分析者可以了解企业的盈利能力和经营效率。

1. 收入的构成与解读

收入是企业在日常经营活动中获得的经济利益的总流入，包括主营业务收入和其他业务收入。收入的构成直接反映了企业的市场份额和盈利来源。

主营业务收入是企业通过其核心业务活动获得的收入，是利润表的主要组成部分。分析者应关注主营业务收入的增长率和变化趋势，评估企业的市场竞争力和经营稳定性。同时分析者还应关注企业的收入确认政策，确保收入的真实性和准确性。

其他业务收入是企业通过非核心业务活动获得的收入，如投资收益、资产处置收益等。虽然这部分收入在利润表中所占比例较小，但其变动可能对企业的整体盈利能力产生影响。分析者应关注其他业务收入的构成和变动，评估企业的多元化经营能力和收入来源的稳定性。

2. 成本和费用的构成与解读

成本和费用是企业在获得收入的过程中发生的经济利益的流出，包括主营业务成本、销售费用、管理费用和财务费用等。成本和费用的构成直接影响企业的盈利能力和成本控制水平。

主营业务成本是指企业在生产或提供产品、服务过程中直接发生的成本，如材料成本、人工成本等。分析者应关注主营业务成本与主营业务收入的匹配程度，评估企业的毛利率和成本控制能力。

销售费用是企业在销售产品和服务过程中发生的费用，如广告费、运输费等；管理费用是企业为组织和管理日常经营活动发生的费用，如管理人员工资、办公费用等；财务费用是企业为筹集资金而发生的利息费用等。分析者应关注这些费用的变化情况，评估企业的运营效率和财务管理水平。

3. 利润的构成与解读

利润是企业在一定期间内的经营成果，是收入扣除成本和费用后的净额。利润的构成主要包括营业利润、利润总额和净利润。

营业利润是指企业的主营业务活动产生的利润，是利润表中最能反映企业核心业务盈利能力的指标。分析者应关注营业利润的变动，评估企业的经营效率和市场竞争力。

利润总额是营业利润加上其他业务利润后的总额。净利润是利润总额扣除所得税后的净额。分析者应关注净利润的变化趋势，评估企业的整体盈利能力和税务管理水平。同时关注净利润率等指标，评估企业的盈利质量和可持续性。

财务报表的构成与解读是企业财务分析的基础环节，通过深入理解资产负债表、利润表的各个组成部分，分析者能够全面了解企业的财务状况、经营成果和盈利能力。资产负债表提供了企业的财务结构和偿债能力信息，利润表则揭示了企业的盈利能力和经营效率。通过对这些报表的系统化解读，企业管理层、投资者和债权人能够做出更加科学的决策，确保企业在竞争激烈的市场中保持财务健康和可持续发展。

二、财务报表分析的指标体系与方法

财务报表分析是企业管理和投资决策中至关重要的环节。通过系统化的指标体系和分析方法，财务报表分析能够帮助管理层、投资者以及其他利益相关者深入了解企业的财务状况、经营成果和未来发展潜力。构建科学的财务报表分析指标体系，并运用有效的分析方法，不仅能够揭示企业的财务健康状况，还能为优化管理决策提供有力支持。

（一）财务报表分析的指标体系

财务报表分析的指标体系为分析者提供了评估企业财务状况和经营成果的具体标准和衡量工具。指标涵盖了企业运营的各个方面，包括盈利能力、偿债能力、营运能力和发展能力。

1. 盈利能力分析指标

盈利能力是企业生存和发展的基础，盈利能力分析指标用于衡量企业通过经营活动获得利润的能力。主要的盈利能力分析指标包括如下方面。

毛利率：毛利率是指毛利润与主营业务收入的比率，反映了企业在扣除主营业务成本后的收益水平。毛利率的高低直接影响企业的盈利能力。毛利率的计算公式为：

$$毛利率 = \frac{毛利率}{主营业务收入} \times 100\%$$

图 6-1　毛利率公式

分析者应关注毛利率的变化趋势，评估企业在成本控制和定价策略方面的有效性。毛利率过低可能表明企业的成本控制不力或市场竞争激烈，而毛利率过高则可能意味着企业在市场上具有较强的定价能力。

净利润率：净利润率是净利润与营业收入的比率，反映了企业的整体盈利水平。净利润率越高，说明企业的盈利能力越强。净利润率的计算公式为：

$$净利润率 = \frac{净利润}{营业收入} \times 100\%$$

图 6-2　净利润率公式

分析者应通过净利润率分析，评估企业的成本管理、费用控制及税务管理的综合效果。同时，净利润率的行业对比能够揭示企业在行业中的相对盈利水平。

资产收益率（ROA）：资产收益率反映了企业利用其总资产赚取利润的能力。ROA 的计算公式为：

$$资产收益率 = \frac{净利润}{总资产} \times 100\%$$

图 6-3　资产收益率公式

ROA 越高，表明企业的资产使用效率越高，资产的盈利能力越强。分析者应结合资产负债表的构成，评估企业的资产配置是否合理，以及资产的盈利能力是否达到预期。

净资产收益率（ROE）：净资产收益率反映了企业股东权益的投资回报水平。ROE 的计算公式为：

$$净资产收益率 = \frac{净利润}{平均股东权益} \times 100\%$$

图 6-4　净资产收益率公式

ROE 是投资者关注的重要指标，ROE 越高，说明企业为股东创造的价值越大。分析者应关注 ROE 的变化趋势及其构成因素，如利润率、资产周转率和财务杠杆的相互影响。

2. 偿债能力分析指标

偿债能力分析指标用于评估企业偿还短期和长期债务的能力，主要包括流动比率、速动比率和资产负债率等。

流动比率：流动比率是流动资产与流动负债的比率，用于衡量企业偿还短期债务的能力。流动比率的计算公式为：

$$流动比率=\frac{流动资产}{流动负债}\times 100\%$$

图 6-5 流动比率公式

流动比率越高，表明企业的短期偿债能力越强，但过高的流动比率可能意味着企业的资金利用效率不高。分析者应通过流动比率评估企业的流动性状况，特别是在经济波动时期，流动比率能够揭示企业的财务稳定性。

速动比率：速动比率是指流动资产扣除存货后的速动资产与流动负债的比率，用于衡量企业更为严格的短期偿债能力。速动比率的计算公式为：

$$速动比率=\frac{速冻资产}{流动负债}\times 100\%$$

图 6-6 速动比率公式

速动比率剔除了流动性较差的存货，更加准确地反映了企业立即偿还短期债务的能力。分析者应关注速动比率与流动比率的差异，评估企业的存货管理和流动性风险。

资产负债率：资产负债率是总负债与总资产的比率，反映了企业的负债水平及其财务风险。资产负债率的计算公式为：

$$资产负债率=\frac{总负债}{总资产}\times 100\%$$

图 6-7 资产负债率公式

资产负债率越高，表明企业的财务杠杆越大，财务风险也越高。分析者应通过资产负债率评估企业的长期偿债能力和资本结构的合理性。

3. 营运能力分析指标

营运能力分析指标用于衡量企业管理和利用资产的效率，主要包括应收账款周转率、存货周转率和总资产周转率等。

应收账款周转率：应收账款周转率是指企业应收账款在一定时期内的周转次

数,用于评估企业收回应收账款的能力。应收账款周转率的计算公式为:

$$应收账款周转率=\frac{主营业务收入}{平均应收账款}$$

图 6-8 应收账款周转率公式

应收账款周转率越高,说明企业收回应收账款的速度越快,资金流动性越强。分析者应通过应收账款周转率分析,评估企业的信用政策和客户管理效率。

存货周转率:存货周转率是指企业存货在一定时期内的周转次数,用于评估企业存货管理的效率。存货周转率的计算公式为:

$$存货周转率=\frac{主营业务成本}{平均存货}$$

图 6-9 存货周转率公式

存货周转率越高,表明企业存货变现速度越快,存货管理效率越高。分析者应关注存货周转率的变化,评估企业的生产和销售协调性,以及存货的流动性风险。

总资产周转率:总资产周转率是指企业总资产在一定时期内的周转次数,用于衡量企业资产的使用效率。总资产周转率的计算公式为:

$$总资产周转率=\frac{主营业务收入}{平均总资产}$$

图 6-10 总资产周转率公式

总资产周转率越高,说明企业的资产利用效率越高,资产管理能力越强。分析者应通过总资产周转率分析,评估企业的资源配置是否合理,资产管理是否有效。

4. 发展能力分析指标

发展能力分析指标用于衡量企业的增长潜力和可持续发展能力,主要包括主营业务收入增长率、净利润增长率和资本积累率等。

主营业务收入增长率:主营业务收入增长率是企业主营业务收入与上期相比的增长速度,用于评估企业市场份额的扩大和销售增长潜力。主营业务收入增长率的计算公式为:

$$主营业务收入增长率=\frac{本期主营业务收入-上期主营业务收入}{上期主营业务收入}\times100\%$$

图 6-11 主营业务收入增长率

主营业务收入增长率越高，说明企业在市场竞争中具有较强的增长能力。分析者应通过该指标评估企业的市场扩展和销售策略的有效性。

净利润增长率：净利润增长率是企业净利润与上期相比的增长速度，用于评估企业盈利能力的提升和增长潜力。净利润增长率的计算公式为：

$$净利润增长率 = \frac{本期净利润 - 上期净利润}{上期净利润} \times 100\%$$

图 6-12　净利润增长率公式

净利润增长率越高，表明企业的盈利能力和可持续发展能力越强。分析者应关注净利润增长率的变化，评估企业的盈利质量和增长潜力。

资本积累率：资本积累率是企业资本公积和盈余公积的增长速度，用于评估企业资本积累的能力和再投资潜力。资本积累率的计算公式为：

$$资本积累率 = \frac{本期资本公积和盈余公积 - 上期资本公积和盈余公积}{上期资本公积和盈余公积} \times 100\%$$

图 6-13　资本积累率公式

资本积累率越高，表明企业的资本增值能力和再投资能力越强。分析者应通过该指标评估企业的资本管理和未来发展潜力。

（二）财务报表分析的方法

财务报表分析的方法为分析者提供了系统化的工具和技术手段，用以解读和评估企业的财务报表。不同的方法适用于不同的分析需求和目的。

1. 比率分析法

比率分析法是财务报表分析中最为常用的方法之一，通过计算和对比各种财务比率，分析者能够揭示企业的财务状况和经营绩效。比率分析法的优势在于其简便易行，并能够直观地反映企业的财务健康状况。

比率分析法包括流动比率、速动比率、资产负债率、毛利率、净利润率等指标的计算和分析。这些比率为分析者提供了评估企业短期偿债能力、长期偿债能力、盈利能力、营运能力和发展能力的具体标准。

在应用比率分析法时，分析者应注意对比分析的基础和前提，确保比率计算的一致性和可比性。同时分析者还应结合企业的行业特征和市场环境，对比率进行全面的解读，避免单一指标带来的分析偏差。

2. 趋势分析法

趋势分析法通过比较企业在不同时期的财务数据，揭示其财务状况和经营成果的变化趋势。趋势分析法的优势在于能够展示企业财务指标的动态变化，帮助分析者识别长期趋势和潜在问题。

趋势分析法通常用于分析企业的收入增长率、利润增长率、成本结构变化、资产负债比率变化等指标。通过对多个年度的财务数据进行对比，分析者能够发现企业在经营管理中的变化趋势，并预测未来的发展方向。

在应用趋势分析法时，分析者应注意数据的连续性和一致性，确保分析结果的准确性。分析者还应结合企业的战略目标和市场环境，对趋势变化进行深入分析，识别出对企业未来发展具有重大影响的因素。

3. 杜邦分析法

杜邦分析法是一种综合性较强的财务分析方法，通过分解企业的净资产收益率（ROE），分析其盈利能力、资产使用效率和财务杠杆的影响。杜邦分析法能够帮助分析者从多个角度理解企业的财务表现。

杜邦分析法将净资产收益率分解为以下三部分。

净利润率：反映企业的盈利能力。

总资产周转率：反映企业的资产使用效率。

权益乘数：反映企业的财务杠杆水平。

通过杜邦分析法，分析者可以识别出影响企业净资产收益率的关键因素，并提出相应的改进建议。在实际应用中，杜邦分析法被广泛用于评估企业的财务结构和经营策略的有效性。

财务报表分析的指标体系与方法为企业的财务状况评估和经营决策提供了科学的依据，通过构建全面的指标体系，分析者能够从盈利能力、偿债能力、营运能力和发展能力等多个维度评估企业的财务健康状况。同时结合比率分析法、趋势分析法和杜邦分析法等多种分析方法，企业能够深入理解财务数据背后的管理意义和战略价值，为未来的发展制定更为精准的决策。在未来的财务管理实践中，企业应持续优化其财务分析指标体系和方法，提升财务分析的科学性和实用性，以应对不断变化的市场环境和管理挑战。

第三节　财务比率分析

一、财务比率分析的基本概念与目的

财务比率分析是财务管理中一项核心工具，通过对企业财务报表中关键数据的计算和比较，财务比率分析能够帮助企业管理层、投资者和其他利益相关者深入了解企业的财务健康状况和经营绩效。财务比率分析不仅提供了对财务数据的定量分析，还通过与历史数据、行业标准和竞争对手的对比，揭示了企业在财务管理中的优势与不足。。

（一）财务比率分析的基本概念

财务比率分析是指通过对企业财务报表中各项数据的相对比值进行计算和解读，来评估企业的财务状况和经营绩效。比率分析的基本理念在于通过将财务数据转化为相对指标，使得不同企业、不同规模和不同时间段的财务状况可以进行直接比较，从而更清晰地揭示企业的经营表现。

1. 比率的类型与分类

财务比率通常分为四大类：盈利能力比率、偿债能力比率、营运能力比率和发展能力比率。每一类比率反映了企业财务管理的不同侧面，帮助分析者从多个角度评估企业的财务健康状况。

盈利能力比率：主要反映企业通过经营活动获得利润的能力，常用的指标包括毛利率、净利润率和资产收益率（ROA）。

偿债能力比率：衡量企业偿还短期和长期债务的能力，主要指标包括流动比率、速动比率和资产负债率。

营运能力比率：反映企业管理和利用资产的效率，主要指标包括应收账款周转率、存货周转率和总资产周转率。

发展能力比率：评估企业的增长潜力和可持续发展能力，常用的指标包括主营业务收入增长率、净利润增长率和资本积累率。

2. 比率分析的计算与解读

比率的计算通常通过将相关财务报表中的特定数据进行除法运算得到。例如，流动比率通过将流动资产除以流动负债来计算，毛利率则通过将毛利润除以营业收入来计算。每一个比率都为分析者提供了关于企业财务管理的一种视角。

比率分析不仅关注比率的单一数值，更重要的是通过对比和趋势分析来解读这些比率。比率的对比包括与企业历史数据、行业平均水平和主要竞争对手的比较，而趋势分析则是通过观察比率在不同时间段的变化来判断企业的财务状况是否在改善或恶化。

(二) 财务比率分析的目的

财务比率分析在企业财务管理和战略决策中具有重要的应用价值，其主要目的包括评估企业的财务健康状况、支持管理决策、增强外部投资者信心以及监控财务风险。

1. 评估企业财务健康状况

财务比率分析的一个核心目的是评估企业的财务健康状况。通过计算和解读不同的财务比率，企业管理层和分析者能够全面了解企业在盈利能力、偿债能力、营运效率和发展潜力等方面的表现。

通过毛利率和净利润率的分析，企业可以了解其盈利能力的高低，并判断成本控制和市场定价策略的有效性。流动比率和速动比率的计算能够帮助企业识别其短期偿债能力的强弱，评估是否需要调整流动资产和流动负债的配置。通过资产负债率的分析，企业还可以评估其财务杠杆水平和长期偿债能力，判断是否需要优化资本结构。

2. 支持企业管理决策

财务比率分析为企业管理决策提供了数据支持，企业管理层可以根据财务比率的分析结果，制定和调整企业的财务策略和经营策略，以提升企业的财务表现和市场竞争力。

如果分析显示企业的存货周转率较低，管理层可能会考虑加快存货周转，减少库存积压，从而提高资金利用效率。如果资产收益率（ROA）低于行业平均水平，企业可能需要重新评估其资产配置和投资策略，以提高资产的盈利能力。财务比率分析还可以帮助企业管理层预测未来的财务趋势，并制定相应的应对措施。例如，通过对历史比率的趋势分析，企业可以预测未来的现金流状况，并提前采取措施确保资金充足，以支持业务扩展和战略投资。

3. 增强外部投资者信心

财务比率分析对于外部投资者而言也是评估企业投资价值的重要工具，投资者可以通过分析企业的财务比率，判断企业的盈利能力、偿债能力和增长潜力，从而做出是否投资的决策。

投资者通常关注的比率包括净资产收益率（ROE）、资产负债率和市盈率等。通过对这些比率的分析，投资者可以了解企业为股东创造的回报水平，评估企业的财务风险，并比较企业与行业其他公司的表现。财务比率分析不仅帮助投资者做出投资决策，还能够增强投资者对企业的信心。稳定且健康的财务比率表明企业管理层在财务管理方面表现良好，能够有效控制风险和实现盈利目标，这对于吸引长期投资者具有重要意义。

4. 监控和管理财务风险

财务比率分析还可以作为监控和管理财务风险的工具。通过定期分析企业的财务比率，管理层可以及时发现潜在的财务风险，并采取相应的措施进行控制和管理。

例如，过高的资产负债率可能预示着企业面临较高的财务杠杆风险，管理层需要采取降低负债或增加权益资本的措施来缓解这一风险。低于行业标准的流动比率则可能表明企业面临短期偿债压力，管理层应关注资金流动性并采取措施提高流动资产。通过持续的财务比率分析，企业可以建立起有效的财务风险管理机制，确保在复杂多变的市场环境中保持财务稳定性。

财务比率分析是企业财务管理中不可或缺的工具，其基本概念和目的在于通过系统化的比率计算和解读，为企业管理层、投资者和其他利益相关者提供深入了解企业财务状况的依据。通过财务比率分析，企业能够评估自身的财务健康状况，支持战略决策，增强外部投资者的信心，并有效监控和管理财务风险。在未来的财务管理实践中，企业应继续优化和应用财务比率分析，以应对日益复杂的市场环境和管理挑战。

二、财务比率分析的指标体系与方法

财务比率分析作为财务分析的核心工具,通过对财务数据的相对比值进行计算和解读,为企业的财务管理和决策提供了科学依据。构建完善的财务比率分析指标体系,并采用适当的方法进行分析,不仅能够揭示企业财务状况的全貌,还能为管理层提供针对性的改善建议。

(一)财务比率分析的指标体系

财务比率分析的指标体系由多个维度的指标组成,这些指标能够全面覆盖企业的财务健康状况。主要的指标体系包括盈利能力指标、偿债能力指标、营运能力指标和发展能力指标,每个维度的指标都反映了企业财务管理的不同侧面。

盈利能力指标用于衡量企业通过经营活动获取利润的能力,主要包括以下几个关键比率。

(1)毛利率:毛利率衡量企业销售产品或服务后所获得的毛利润与销售收入的比值,反映了企业在控制生产和运营成本方面的有效性。毛利率越高,说明企业的成本控制能力越强,市场定价策略越有效。

(2)净利润率:净利润率是净利润与营业收入的比值,反映了企业的整体盈利水平。净利润率越高,企业的盈利能力越强,表明在扣除所有费用和税收后,企业能够为股东和投资者创造更多的价值。

(3)资产收益率(ROA):资产收益率衡量企业利用其总资产创造净利润的能力,是评价企业资产管理效率的重要指标。ROA越高,说明企业的资产使用效率越高,能够更好地利用资产获取收益。

(4)净资产收益率(ROE):净资产收益率衡量企业通过股东权益获取净利润的能力,是投资者最关注的指标之一。ROE越高,说明企业的资本增值能力越强,为股东带来的回报越高。

偿债能力指标用于评估企业偿还短期和长期债务的能力,主要包括以下几个关键比率。

(1)流动比率:流动比率是流动资产与流动负债的比值,反映了企业短期偿债能力。流动比率越高,说明企业能够更容易地支付短期债务,财务安全性更高。

（2）速动比率：速动比率是流动资产扣除存货后的速动资产与流动负债的比值，进一步考察企业的短期偿债能力。由于速动比率剔除了流动性较差的存货，因此更能反映企业的流动性状况和紧急偿债能力。

（3）资产负债率：资产负债率是总负债与总资产的比值，反映了企业的财务杠杆水平和长期偿债能力。资产负债率越高，企业的财务杠杆越大，面临的财务风险也越高。

营运能力指标用于评估企业管理和利用资产的效率，主要包括以下几个关键比率。

（1）应收账款周转率：应收账款周转率是主营业务收入与平均应收账款的比值，衡量企业收回应收账款的速度和效率。应收账款周转率越高，说明企业的收款效率越高，资金回收速度越快。

（2）存货周转率：存货周转率是主营业务成本与平均存货的比值，衡量企业存货的周转速度。存货周转率越高，说明企业的存货管理效率越高，资金利用效果越好。

（3）总资产周转率：总资产周转率是主营业务收入与平均总资产的比值，衡量企业总资产的使用效率。总资产周转率越高，说明企业的资产利用率越高，能够更有效地利用资产创造收入。

发展能力指标用于衡量企业的增长潜力和未来发展能力，主要包括以下几个关键比率。

（1）主营业务收入增长率：主营业务收入增长率是企业本期主营业务收入与上期主营业务收入的比值，反映了企业市场扩展和收入增长的潜力。增长率越高，说明企业在市场上的竞争力和发展前景越好。

（2）净利润增长率：净利润增长率是企业本期净利润与上期净利润的比值，反映了企业盈利能力的提升程度。净利润增长率越高，企业的盈利增长潜力越大，财务状况越健康。

（3）资本积累率：资本积累率是企业本期资本公积和盈余公积与上期资本公积和盈余公积的比值，反映了企业的资本积累能力和再投资潜力。资本积累率越高，说明企业的资本增值能力越强，为未来的发展奠定了坚实的基础。

(二) 财务比率分析的方法

财务比率分析的方法是企业运用上述指标体系进行财务数据解读和分析的具体手段，这些方法能够帮助企业管理层和分析者深入了解企业财务状况，发现潜在问题，并制定相应的改进措施。

比率比较分析法是通过将企业的财务比率与历史数据、行业平均水平或主要竞争对手进行对比，来评估企业的财务状况。比率比较分析能够揭示企业在不同时间点或与同行业相比的相对表现。

(1) 纵向比较：纵向比较是将企业当前的财务比率与历史数据进行对比，以评估企业财务状况的变化趋势。通过比较企业的历史净利润率，可以判断企业的盈利能力是改善还是恶化。

(2) 横向比较：横向比较是将企业的财务比率与行业平均水平或主要竞争对手进行对比，以评估企业在行业中的相对竞争力。通过比较企业的资产负债率与行业平均水平，可以判断企业的财务杠杆是否处于合理水平。

比率比较分析法的优势在于其简便易行，能够快速提供对于企业财务状况的相对评价。但需要注意的是，在进行比率比较时，应考虑行业特征、市场环境和企业规模等因素，避免因盲目比较而得出错误结论。

比率趋势分析法是通过观察和分析企业财务比率在不同时期的变化趋势，来预测企业未来的财务状况和发展方向。趋势分析能够帮助企业识别财务管理中的潜在问题，并及时采取改进措施。

(1) 增长趋势分析：增长趋势分析是通过观察企业主要财务比率（如净利润率、资产收益率等）的增长趋势，评估企业的盈利能力和发展潜力。例如，持续增长的资产收益率表明企业的资产管理效率不断提高，未来有望继续保持良好的盈利能力。

(2) 波动趋势分析：波动趋势分析是通过观察企业财务比率的波动情况，评估企业财务状况的稳定性。例如较大波动的流动比率会表明企业的短期偿债能力不稳定，需要加强资金管理和流动性控制。

比率趋势分析法的优势在于其动态性，能够揭示企业财务状况的长期变化趋势。然而，趋势分析也有一定的局限性，如短期内的市场波动对趋势判断产生干扰，因此需要结合其他分析方法进行综合判断。

财务比率分析的指标体系与方法为企业提供了系统化的财务管理工具，能够全面评估企业的财务健康状况、经营效率和发展潜力。通过构建和应用科学的财务比率指标体系，企业管理层和分析者可以深入理解财务数据背后的管理含义，发现潜在的财务风险，并制定相应的改进策略。同时结合比率比较分析法和比率趋势分析法等多种方法，企业能够动态监控其财务状况，及时调整财务策略，以应对不断变化的市场环境和管理挑战。

三、财务比率分析的实践应用与改进策略

财务比率分析在企业管理中具有广泛的应用价值，通过系统化的比率计算和分析，企业可以深入了解其财务健康状况，评估经营绩效，并制定相应的管理和改进策略。然而，随着市场环境的变化和企业发展的需求，传统的财务比率分析方法也需要不断改进和优化，以更好地支持企业的财务决策。以下将探讨财务比率分析的实践应用，并提出相应的改进策略。

（一）财务比率分析的实践应用

财务比率分析是评估企业经营绩效的重要工具，通过对盈利能力、偿债能力、营运能力等关键比率的分析，企业可以全面了解其在各个财务维度上的表现。管理层可以根据比率分析的结果，识别企业在经营管理中的优势和不足，从而采取相应的改进措施。例如通过净利润率和资产收益率的分析，企业可以判断其盈利能力的高低，并制定提高盈利的策略。

财务比率分析在财务风险的监控和管理中也发挥着重要作用，通过对流动比率、速动比率和资产负债率等比率的分析，企业能够及时识别潜在的财务风险，并采取预防措施。例如当流动比率持续下降时，企业面临短期偿债压力，管理层应关注资金流动性并加强现金管理。

财务比率分析为企业的战略决策提供了重要的数据支持，管理层可以通过比率分析结果，确定和调整企业的战略目标和发展方向。例如在进行扩张计划时，企业可以通过分析总资产周转率和资本积累率，评估其资产管理效率和资本增值能力，从而确定是否具备扩张的财务基础。

(二) 财务比率分析的改进策略

尽管财务比率分析在企业管理中具有重要作用，但其应用过程中也存在一些局限性。因此企业应根据实际情况，采取改进策略，以提高财务比率分析的准确性和实用性。

在进行财务比率分析时，企业应结合自身所在行业的特征，选择适合的比率进行分析。不同的行业有不同的财务结构和运营模式，直接套用行业平均比率可能导致误判。通过与行业特征相符的比率分析，企业可以更准确地评估其财务状况和竞争力。

财务比率分析方法应随市场环境和企业战略的变化进行动态调整，例如在经济下行阶段，企业应更加注重偿债能力和现金流管理的比率分析，而在扩张期则应关注盈利能力和发展潜力的比率。通过灵活调整分析方法，企业可以更好地应对不同的财务管理需求。

财务比率分析作为企业管理中的重要工具，在经营绩效评估、财务风险监控和战略决策支持中发挥了关键作用。为了提高财务比率分析的有效性，企业应结合行业特征进行分析，并根据市场环境和战略需求动态调整分析方法。通过不断改进和优化财务比率分析策略，企业能够更加精准地掌握财务状况，提升管理水平，实现可持续发展。

第七章 会计信息化的创新发展

第一节 会计信息化发展理论基础

一、会计信息化的内容及作用

会计信息化是指将信息技术应用于会计工作，通过现代化的技术手段，实现会计核算、管理和决策支持的自动化、智能化和高效化。会计信息化的内容涵盖会计核算信息化、会计管理信息化和会计决策支持信息化等多个方面。

（一）会计信息化的内容

1. 会计核算信息化

会计核算信息化是会计信息化的基础，通过信息技术手段，实现会计核算过程的自动化和标准化，提高核算效率和准确性。

（1）建立会计科目信息化

会计科目的信息化包括会计科目体系的数字化和自动化管理。通过建立电子化的会计科目体系，可以实现会计科目的统一编码和自动核算，确保会计信息的规范性和一致性。

（2）填制会计凭证信息化

填制会计凭证的信息化是指通过会计软件和信息系统，自动生成和管理会计凭证。信息化的会计凭证系统可以实现凭证的自动录入、审核、保存和查询，减少手工操作的错误，提高工作效率。

（3）登记会计账簿信息化

会计账簿的信息化是通过会计软件实现账簿的自动登记和管理。信息化的账簿系统可以自动生成各种会计账簿，实时更新账簿信息，提供多维度的账簿数据查询和分析功能，确保会计信息的及时性和准确性。

(4) 成本计算信息化

成本计算的信息化是通过信息系统实现成本核算的自动化和精细化管理。信息化的成本计算系统可以根据不同的成本核算方法，自动计算产品成本、部门成本和项目成本，提高成本核算的准确性和管理水平。

(5) 编制会计报表信息化

会计报表的信息化是通过会计软件实现报表的自动编制和管理。信息化的报表系统可以根据会计数据，自动生成各类会计报表，提供报表数据的多维度分析和图表展示功能，提高报表编制的效率和质量。

2. 会计管理信息化

会计管理信息化是指通过信息技术手段，实现会计管理过程的自动化、智能化和高效化，提高会计管理水平和决策支持能力。

会计管理信息化的主要表现如下。

(1) 会计档案管理信息化

会计档案管理的信息化是通过信息系统实现会计档案的电子化管理。信息化的档案管理系统可以实现档案的自动归档、分类、查询和保存，确保会计档案的完整性和安全性。

(2) 预算管理信息化

预算管理的信息化是通过信息系统实现预算编制、执行和控制的自动化和智能化。信息化的预算管理系统可以根据历史数据和预测模型，自动编制预算，实时监控预算执行情况，提供预算差异分析和预警功能，提高预算管理的科学性和有效性。

(3) 资产管理信息化

资产管理的信息化是通过信息系统实现固定资产和流动资产的自动化管理。信息化的资产管理系统可以实现资产的自动登记、分类、折旧计算和盘点，提供资产使用情况的实时监控和分析功能，提高资产管理的效率和准确性。

(4) 内部控制管理信息化

内部控制管理的信息化是通过信息系统实现内部控制制度的自动化和智能化管理。信息化的内部控制系统可以根据内部控制流程，自动生成控制措施和监控指标，实时监控内部控制的执行情况，提供内部控制的风险评估和改进建议，提高内部控制的有效性和可靠性。

(5) 会计人员管理信息化

会计人员管理的信息化是通过信息系统实现会计人员的自动化管理。信息化的人员管理系统可以实现会计人员的档案管理、绩效考核和培训管理，提供会计人员的工作情况和发展情况的实时监控和分析功能，提高会计人员管理的科学性和有效性。

3. 会计决策支持信息化

会计决策支持信息化是指通过信息技术手段，实现会计决策支持过程的自动化、智能化和高效化，提高会计决策的科学性和准确性。

会计决策支持信息化的特点主要表现如下。

(1) 数据集成和共享

数据集成和共享是会计决策支持信息化的基础，信息化的决策支持系统可以集成单位内部和外部的各种数据，提供数据的共享和交换功能，确保会计决策的基础数据完整、准确和及时。

(2) 数据分析和挖掘

数据分析和挖掘是会计决策支持信息化的重要手段，信息化的决策支持系统可以根据会计数据和业务数据，自动进行多维度的数据分析和挖掘，发现数据中的规律和趋势，为会计决策提供科学依据。

(3) 模型构建和模拟

模型构建和模拟是会计决策支持信息化的核心功能，信息化的决策支持系统可以根据会计数据和业务数据，构建各种决策模型，进行决策模拟和预测，评估不同决策方案的可行性和效果，为会计决策提供多种选择和支持。

(4) 决策支持和优化

决策支持和优化是会计决策支持信息化的最终目标，信息化的决策支持系统可以根据数据分析和模型模拟的结果，自动生成决策方案和优化建议，提供决策执行的实时监控和反馈功能，确保会计决策的科学性和高效性。

（二）会计信息化的重要作用

会计信息化在现代会计工作中发挥着至关重要的作用，其对提高工作效率、促进会计工作规范化以及提升会计人员素质和职能转变方面具有显著影响。

1. 提高工作效率，减轻劳动强度

会计信息化通过引入先进的信息技术和自动化工具，使得会计工作的各个环节得以高度自动化和标准化。会计信息化系统可以自动处理大量的会计数据，生成会计报表，进行成本核算等，大幅减少了手工操作的时间和劳动强度。这样不仅提高了工作效率，还减少了人为错误的发生，提高了会计信息的准确性和及时性。会计人员可以将更多的时间和精力投入到分析和决策支持等高附加值的工作中，提升了整体的工作效能和管理水平。

2. 促进会计工作规范化

会计信息化通过标准化的会计软件和信息系统，实现了会计核算、财务管理和内部控制的规范化管理。信息化系统内置了符合国家和行业标准的会计科目和核算规则，确保了会计工作的统一性和规范性。会计信息化系统能够自动执行预设的会计处理程序，严格按照规定进行会计记录和报告，避免了人工操作中的随意性和不规范行为。这样，不仅提高了会计信息的可信度，还为内部控制和审计工作提供了可靠的数据支持，确保了会计工作的合法性和合规性。

3. 提高会计人员的素质，促进会计工作职能的转变

会计信息化要求会计人员具备一定的信息技术和数据分析能力，这促使会计人员不断学习和掌握新的知识和技能，通过信息化培训和实践，会计人员的专业素质和综合能力得到了显著提升，能够更好地适应信息化时代的要求。会计信息化不仅改变了会计工作的方式，还推动了会计职能的转变。会计人员不再局限于传统的核算和报告工作，而是更多地参与财务分析、风险管理和战略决策等高层次的管理活动。这样的职能转变，使会计人员能够在单位的管理和决策中发挥更重要的作用，提升了会计工作的战略价值。

二、我国会计信息化发展的未来展望

（一）会计信息化功能更强大，由核算层面转向管理层面

未来会计信息化的发展不仅限于会计核算的自动化和标准化，更向管理层面延伸，提供全面的管理支持和决策支持。会计信息化功能的拓展将极大增强会计工作的战略价值。

1. 三项核心功能

（1）财务共享服务中心的核心功能是用于会计核算

财务共享服务中心作为会计信息化的重要组成部分，其核心功能之一是进行会计核算，通过集中管理和处理会计数据，财务共享服务中心可以实现会计信息的实时更新和自动核算，提高会计数据的准确性和及时性。这一功能使得财务共享服务中心能够有效降低会计工作的重复劳动和错误率，提升整体核算效率。

（2）财务共享服务中心具有监督规范的作用

财务共享服务中心在会计信息化中还具有监督和规范的作用，中心可以通过统一的会计核算标准和流程，对各部门和子公司的会计工作进行集中管理和监督，确保会计信息的一致性和合规性。监督规范功能不仅有助于提升内部控制的有效性，还能够预防和减少财务舞弊行为的发生，增强财务信息的透明度和可靠性。

（3）财务共享服务中心可以进行信息支撑

财务共享服务中心的另一项核心功能是提供信息支撑，通过整合和分析会计数据，为单位的管理决策提供科学依据。财务共享服务中心可以通过数据挖掘和分析技术，生成各种财务报告和管理报表，帮助管理层全面了解单位的财务状况和经营绩效。信息化支撑功能使得财务共享服务中心能够在战略规划、预算管理、成本控制等方面发挥重要作用，提升单位的管理水平和决策能力。

2. 四项管理机制

（1）组织变革

会计信息化的发展要求单位在组织结构上进行变革，以适应信息化的需要，通过优化组织结构，明确各部门和岗位的职责和权限，可以有效提高工作效率和管理水平。组织变革还应包括建立专门的会计信息化管理机构，负责统筹规划和推进会计信息化工作，确保信息化项目的顺利实施和持续优化。

（2）流程创新

流程创新是会计信息化的重要内容，通过对现有会计流程的优化和再造，可以实现业务流程的自动化和标准化。流程创新应包括简化审批流程、优化工作流程、减少人为干预等，以提高工作效率和信息处理的准确性，通过流程创新，可以建立起高效、规范的会计工作流程，提升单位的整体管理水平。

(3) 质量控制

质量控制是会计信息化发展的重要保障，通过建立科学的质量控制体系，可以确保会计信息的准确性和可靠性。质量控制应包括数据质量管理、系统运行监控、内部审计监督等方面，通过严格的质量控制措施，可以及时发现和纠正会计信息化过程中的问题，确保系统的稳定运行和数据的真实可靠。

(4) 绩效管理

绩效管理是提升会计信息化效果的重要手段，通过建立科学的绩效评价体系，可以全面评估会计信息化的实施效果和管理水平。绩效管理应包括制定明确的绩效目标、建立合理的绩效指标、定期进行绩效评估等，通过绩效管理，可以发现会计信息化过程中的不足，提出改进措施，确保会计信息化的持续优化和提升。

3. 两套保障体系

未来会计信息化的发展还需要建立完善的保障体系，以确保会计信息化项目的顺利实施和持续优化。两套保障体系主要包括技术保障体系和制度保障体系。

技术保障体系主要包括信息系统的建设和维护、数据安全的保障、技术支持和培训等，通过建立健全的技术保障体系，可以确保会计信息化系统的稳定运行和数据的安全可靠，提供强有力的技术支持和保障。

制度保障体系主要包括会计信息化的管理制度、操作规程和考核标准等，通过建立科学的制度保障体系，可以规范会计信息化的实施和管理，确保各项工作的有序进行和有效落实，为会计信息化的持续优化提供制度保障。

（二）会计数据处理更全面，财务工作趋于网络化、智能化

未来会计数据处理将更加全面，财务工作将逐步向网络化和智能化方向发展。会计数据处理的全面性体现在数据的采集、存储、分析和应用等各个方面，网络化和智能化则是实现会计信息化的重要途径。

网络化的发展使得会计数据的采集和传输更加高效和便捷，各部门和单位可以通过网络实现数据的实时共享和协同处理。智能化的发展则通过引入人工智能和机器学习技术，实现会计数据的自动分析和智能决策支持，提高会计工作的科学性和精准性。

（三）信息化人才培养趋向系统化、创新型

信息化人才培养是推动会计信息化发展的关键，未来会计信息化人才培养将趋向系统化和创新型，以满足不断变化的市场需求和技术发展。系统化的培养模式将覆盖从基础知识到高级技能的全面教育，确保人才在各个层面都具备扎实的专业知识和实践能力。创新型的培养方式将注重培养学生的创新思维和解决问题的能力，鼓励学生探索新的会计信息化应用和技术，推动会计行业的持续创新和进步。

高校和职业教育机构将在信息化人才培养中发挥重要作用，逐步建立完善的会计信息化课程体系，包括数据分析、信息系统管理、人工智能应用等课程内容，通过引入企业实践和实训项目，学生可以在实际操作中提升技能，增强就业竞争力，通过企业内部的继续教育和职业培训也将成为重要环节，通过定期培训和考核，不断提升现有会计人员的信息化素质和技能水平，确保其能够适应信息化发展的要求。

（四）会计软件标准更严格、更安全、更专业化

会计软件作为会计信息化的重要工具，其标准的严格性和安全性直接影响到会计信息化的效果和质量。未来会计软件的开发和应用将更加注重严格的标准化和专业化，确保软件的功能和性能能够满足复杂的会计需求和管理要求。

会计软件标准的严格性体现在多个方面，包括功能标准、数据标准、安全标准和操作标准等。功能标准要求会计软件具备全面的会计处理功能，能够支持各种复杂的会计业务和管理需求。数据标准要求软件能够实现数据的准确采集、存储、处理和输出，确保数据的一致性和完整性。安全标准要求软件具备强大的数据保护和安全管理能力，防止数据泄露和篡改，保障会计信息的安全性。操作标准要求软件具备良好的用户体验和易用性，支持用户的便捷操作和高效使用。

会计软件的专业化发展将进一步提升软件的应用价值和市场竞争力，专业化的会计软件不仅能够满足一般会计处理需求，还能够根据不同行业和企业的特殊需求，提供定制化的解决方案。例如针对制造业的成本核算、供应链管理，针对金融业的风险控制、资产管理等，专业化的软件可以提供更加精准和有效的支

持，通过不断提升软件的专业化水平，可以帮助企业提高管理效率和决策质量，增强市场竞争力。

会计软件的安全性是信息化发展的核心要求，未来会计软件将更加注重数据加密、访问控制、权限管理等安全技术的应用，确保会计信息在传输、存储和处理过程中的安全性。通过建立健全的软件安全管理体系，可以有效防范数据泄露、黑客攻击等安全威胁，保障企业和用户的数据信息安全。

第二节　大数据环境下的会计信息化发展

（一）大数据的定义理解

大数据是指以体量大、类型多、速度快、价值密度低为主要特征的数据集合，因其庞大的数据量和复杂的数据结构，传统的数据处理软件已无法胜任其处理和分析工作。大数据不仅包括数据本身，还涉及从数据中提取有用信息的方法和技术。大数据的定义理解不仅局限于数据规模的巨大，还涵盖了数据的多样性、处理速度的高效性以及挖掘数据潜在价值的能力。大数据技术的发展，使得从庞杂的数据中挖掘有用信息成为可能，从而为各行各业的管理和决策提供了强有力的支持。

（二）大数据的产生与来源

大数据的产生与来源多种多样，覆盖了社会生活的各个方面。随着信息技术的发展和数据采集手段的不断进步，大数据的来源越来越广泛，其规模和复杂性也随之增加。主要来源包括传统数据库、移动互联网和物联网等。

1. 传统数据库的大数据

传统数据库的大数据主要来源于企业和机构在日常运营中积累的大量结构化数据，包括企业的财务数据、客户数据、生产数据、销售数据等。这些数据通常存储在关系型数据库中，通过定期更新和维护，形成了规模庞大且结构化良好的数据集合。传统数据库的数据在大数据分析中具有重要价值，可以为企业的运营决策、市场分析和风险控制提供重要支持。

2. 移动互联网的大数据

移动互联网的大数据来源于智能手机、平板电脑等移动设备的广泛使用，涵盖了用户在互联网和移动应用中的行为数据。包括用户的浏览记录、搜索历史、社交媒体互动、地理位置数据等。移动互联网数据具有实时性强、数据量大、类型多样的特点，通过分析这些数据，可以了解用户行为习惯、消费偏好和社交网络结构，为精准营销、用户体验优化和产品创新提供数据支持。

3. 物联网的大数据

物联网的大数据来源于各类智能设备和传感器网络，通过实时采集和传输设备运行状态、环境参数、用户行为等数据，形成了庞大的数据集合。物联网数据包括工业设备的运行数据、智能家居的使用数据、交通监控数据等。物联网数据的特点是实时性强、数据类型复杂、数据量巨大，通过对这些数据的分析，可以实现对设备的远程监控、故障预测、能耗优化等功能，提高设备管理和运营效率。

（三）大数据的技术分析

大数据的技术分析是理解和应用大数据的关键，通过对不同类型数据的处理和分析，可以挖掘数据的潜在价值，为决策提供有力支持。以下是几种主要的大数据技术分析方法。

1. 结构化数据

结构化数据是指按照一定格式和长度存储在数据库中的数据，通常包括数值、字符和日期等类型。结构化数据的特点是格式固定、易于检索和管理，广泛应用于企业的财务系统、ERP 系统和 CRM 系统中。对结构化数据的分析通常使用 SQL 等数据库查询语言，通过数据挖掘、统计分析和报表生成等技术，揭示数据背后的规律和趋势，支持企业的财务分析、预算管理和绩效评估等工作。

在会计信息化中，结构化数据是最为基础和核心的部分，企业的日常财务活动、交易记录、库存管理等都依赖结构化数据的准确记录和高效处理。通过先进的数据分析技术，企业可以实现对财务数据的全面分析，及时发现财务管理中的问题和漏洞，提高财务决策的科学性和准确性。例如，通过对历史销售数据的分析，可以预测未来的销售趋势，进行更加合理的销售计划和预算安排。

2. 文本分析

文本分析是指对非结构化的文本数据进行处理和分析，主要包括自然语言处理、信息提取和情感分析等技术。文本数据来源广泛，包括电子邮件、社交媒体、客户评价、新闻报道等。文本分析技术可以通过分词、词频统计、主题模型等方法，提取文本中的关键信息，识别文本的主题和情感倾向。文本分析在会计信息化中，可以用于舆情监控、风险管理和客户关系管理等领域，通过对大量文本数据的分析，帮助企业了解市场动态、客户需求和潜在风险。

在实际应用中，文本分析技术可以帮助企业从大量非结构化数据中提取有价值的信息。例如，通过分析社交媒体上的用户评论和反馈，可以了解消费者对产品和服务的真实看法和建议，及时调整产品策略和营销方案。通过分析客户的电子邮件和反馈，可以发现客户在使用产品或服务过程中遇到的问题和困难，改进客户服务和支持体系，提升客户满意度和忠诚度。

3. 多媒体数据

多媒体数据包括图像、音频和视频等数据类型，这些数据的处理和分析需要采用计算机视觉、语音识别和视频处理等技术。多媒体数据的特点是数据量大、处理复杂，分析方法包括图像识别、特征提取、模式识别等。对多媒体数据的分析可以用于企业的品牌监控、市场营销和安全管理等领域。例如，通过分析社交媒体上的图片和视频，企业可以了解品牌的传播效果和消费者的反馈。通过视频监控系统，企业可以实现对生产现场和仓储设施的安全管理。

多媒体数据的应用范围非常广泛，在会计信息化中也有着重要的作用，企业可以通过视频监控系统实时监控生产线的运行情况，及时发现并解决生产过程中的问题，确保生产的连续性和稳定性。通过图像识别技术，可以实现对库存商品的自动盘点和管理，提高库存管理的效率和准确性。通过语音识别技术，可以实现对客户服务电话的自动记录和分析，了解客户的需求和问题，提高客户服务质量。

4. 社交网络数据

社交网络数据来源于各类社交平台，包括用户的个人信息、好友关系、互动记录等，这些数据具有高度关联性和实时性。对社交网络数据的分析通常使用图分析、网络结构分析和社会影响力分析等技术。通过分析用户之间的关系和互动行为，识别关键节点和意见领袖，了解信息的传播路径和影响范围。社交网络数据的分析在市场营销、品牌管理和舆情监控等领域具有重要应用，可以帮助企业制定精准的营销策略，提升品牌影响力和市场竞争力。

在会计信息化中，社交网络数据的分析可以为企业提供更多的市场洞察和客户行为分析。通过分析社交网络上的用户互动和评论，可以了解消费者对产品和服务的态度和评价，及时调整营销策略和产品定位。通过分析用户之间的关系和互动，可以识别出具有重要影响力的用户和群体，开展有针对性的营销活动，提升品牌的知名度和美誉度。通过监控社交网络上的舆情动态，可以及时发现并应对潜在的危机和负面信息，维护企业的声誉和形象。

5. 移动数据

移动数据是指通过移动设备采集和传输的各种数据，包括位置信息、移动轨迹、应用使用记录等。移动数据的特点是数据量大、实时性强、覆盖范围广，分析方法包括位置分析、轨迹分析和行为分析等。对移动数据的分析可以用于市场研究、客户分析和智能推荐等领域。通过分析消费者的移动轨迹和行为偏好，企业可以制定个性化的营销策略，提高客户满意度和忠诚度。

移动数据在会计信息化中的应用同样具有广泛的前景，通过对移动设备的使用数据进行分析，企业可以了解客户的行为习惯和消费偏好，提供个性化的产品和服务推荐。通过分析位置信息，可以优化物流配送路径，提升配送效率，降低运营成本。通过分析应用使用记录，可以了解用户对企业应用的使用情况和反馈，优化应用功能和用户体验，提高用户的粘性和满意度。

（四）数据、信息和知识

在大数据环境下，会计信息化的发展需要深入理解数据、信息和知识之间的关系。这三者之间既有区别又有联系，构成了会计信息化的基础和核心。

1. 数据

数据是会计信息化的基础和原始材料，通常以原始记录的形式存在。数据的特点是量大且多样化，可以包括数值、文本、图像、音频、视频等多种类型。数据本身是未经处理和分析的，通常是无序且分散的。大数据时代的数据来源广泛，包括企业内部的业务数据、市场交易数据、用户行为数据、传感器数据等。数据的收集和存储是会计信息化的第一步，通过数据的积累和整理，为后续的信息提取和知识发现奠定基础。

在会计信息化中，数据的质量和完整性直接影响到财务管理和决策的准确性。高质量的数据应具备准确性、完整性、及时性和一致性。为了确保数据的质量，会计信息系统需要建立严格的数据收集、存储和管理机制，对数据进行有效的校验和清洗，去除冗余和错误的数据，确保数据的准确和可靠。

2. 信息

信息是从数据中提取的有意义的内容，经过处理和分析后，数据转化为信息。信息具有一定的结构和含义，能够为决策提供支持和参考。信息的产生过程包括数据的筛选、整理、计算和转换等多个环节。在会计信息化中，信息的生成和传递是核心环节，通过会计信息系统对数据进行分析和处理，生成各类财务报表、预算报告、成本分析报告等，供管理层和相关人员使用。

信息的有效传递和共享是会计信息化的重要目标。会计信息系统需要具备强大的信息处理能力和灵活的报表生成功能，能够根据不同的管理需求，提供多维度的信息展示和分析。信息的准确性和及时性直接影响到企业的财务管理和决策质量，因此会计信息系统需要确保信息的实时更新和准确传递，避免信息的滞后和失真。

3. 知识

知识是通过对信息的深入分析和理解，形成的系统化、结构化的认知和经验。知识具有较高的抽象性和应用性，能够指导实际工作和决策。知识的生成过程包括信息的解读、模式识别、规律总结和经验积累等。会计信息化中的知识管理是提升企业竞争力的重要手段，通过对大量财务数据和信息的分析，发现其中的规律和趋势，形成财务管理和决策的知识体系。

在会计信息化中，知识的应用主要体现在智能化决策支持、风险管理、战略规划等方面。会计信息系统需要具备强大的数据分析和知识发现功能，能够通过机器学习、数据挖掘等技术，从大量数据和信息中提取有价值的知识，为企业的管理和决策提供科学依据。知识的共享和传递也是知识管理的重要内容，通过建立知识库和专家系统，实现知识的积累和传承，提升企业的整体管理水平和创新能力。

数据、信息和知识之间的关系密切且相辅相成，共同构成了会计信息化的基础和核心。数据是原材料，信息是加工后的产品，知识是信息的进一步升华和应用，通过对数据的收集和整理，生成有意义的信息，进一步形成系统化的知识，可以为企业的财务管理和决策提供有力支持。在大数据环境下，会计信息化需要不断提升数据处理和知识管理的能力，实现从数据到信息再到知识的有效转化，推动企业的管理和决策走向智能化和科学化。

二、大数据兴起对会计信息化的影响

（一）大数据为会计信息化提供资源共享平台

大数据技术的兴起为会计信息化提供了强大的资源共享平台，促进了数据的互通和共享。资源共享平台通过集成和整合各种数据资源，实现了不同系统和部门之间的数据互联互通，为会计信息化奠定了坚实的数据基础。在传统会计系统中，不同部门和系统的数据往往是孤立的，难以实现数据的共享和综合利用。大数据技术的应用，通过构建统一的资源共享平台，可以将财务数据、业务数据、市场数据等不同类型的数据进行整合和共享，实现数据的全面覆盖和综合分析。资源共享平台不仅提高了数据的利用率，还为会计信息化提供了更为丰富和全面的数据支持，促进了会计工作的精细化和智能化。

在资源共享平台的支持下，会计信息系统可以实现对全公司范围内的数据集中管理和实时更新，打破了数据孤岛，形成了一个统一的数据视图。管理层和相关人员可以通过共享平台，及时获取所需的财务信息和业务数据，做出快速而准确的决策。资源共享平台还可以提供多种数据分析工具和可视化手段，帮助会计人员更好地理解和利用数据，提升数据分析和报告的效率和质量。

（二）大数据降低了会计信息化的成本

大数据技术的应用大大降低了会计信息化的成本，使得更多企业能够负担得起先进的信息化解决方案。传统会计信息化建设需要投入大量的硬件设备和软件系统，还需要配备专业的技术人员进行维护和管理，成本高昂。大数据技术的兴起，通过云计算、数据存储和处理技术的发展，提供了更加经济高效的数据处理和存储解决方案。企业可以通过租用云计算服务和大数据平台，减少硬件和软件的购置和维护成本，降低了会计信息化的门槛。

大数据技术还通过自动化和智能化的手段，提高了会计工作的效率和准确性，减少了人力成本。在大数据环境下，会计信息系统可以自动进行数据采集、处理和分析，减少了人工干预的环节，降低了人力成本和操作风险。智能化的会计信息系统可以根据预设的规则和算法，自动生成财务报表和分析报告，提高了工作效率和准确性，进一步降低了会计信息化的成本。

（三）大数据提高了会计信息化的效率

大数据技术通过提供强大的数据处理和分析能力，大幅提高了会计信息化的效率。大数据环境下，会计信息系统可以实时处理和分析海量数据，提供即时的财务信息和管理报告，支持企业的快速决策和响应。传统会计系统往往依赖于批处理和手工操作，数据处理和报告生成需要较长的时间，效率较低。大数据技术的应用，通过分布式计算和并行处理技术，实现了数据的实时处理和分析，极大地提高了会计信息化的效率。

在大数据环境下，会计信息系统可以实现对全公司范围内的数据实时监控和分析，及时发现和处理异常情况，防范财务风险。大数据技术还通过机器学习和数据挖掘等技术，提供了更为智能和精准的数据分析和预测能力。会计人员可以利用这些技术，深入挖掘数据中的规律和趋势，提供更加科学和准确的财务分析和决策支持。大数据技术的应用不仅提高了会计信息化的效率，还提升了会计工作的价值和影响力。

大数据为会计信息化提供了强大的资源共享平台，促进了数据的互通和共享，降低了会计信息化的成本，提高了会计信息化的效率。通过大数据技术的应用，会计信息化实现了从传统的手工操作向自动化、智能化的转变，提升了会计工作的效率和质量，为企业的管理和决策提供了有力的支持。未来，随着大数据技术的不断发展和完善，会计信息化将迎来更加广阔的发展前景，推动会计行业的持续创新和进步。

三、大数据背景下会计信息化的风险因素

(一) 会计信息化共享平台建设有待加快

大数据背景下，会计信息化共享平台建设的速度与企业对数据处理和分析的需求之间存在一定的差距。共享平台是会计信息化的基础设施，能够整合和管理来自不同来源的海量数据，为企业提供全面的数据支持。然而，目前许多企业在共享平台的建设上仍处于起步阶段，平台的功能和性能尚未完全满足实际需求。共享平台建设的滞后，可能导致数据的整合和共享困难，影响会计信息系统的整体效率和效果。

共享平台建设的滞后主要表现在以下几个方面：数据标准不统一，不同系统和部门的数据格式和结构各异，难以实现数据的无缝整合和共享；平台的处理能力有限，面对海量数据时，处理速度和存储能力难以满足需求；缺乏专业的技术团队和管理机制，平台的维护和优化不到位，影响了其稳定性和可靠性。为了应对这些问题，企业需要加快共享平台的建设和升级，采用先进的技术和标准，提高平台的处理能力和兼容性，建立健全的管理机制和技术团队，确保平台的高效运行和持续优化。

(二) 会计信息化共享平台安全性需要加强

大数据环境下，会计信息化共享平台的安全性是影响会计信息系统稳定运行和数据保护的重要因素。随着数据量的增大和数据种类的多样化，数据泄露、数据篡改和数据丢失等安全风险日益增加。共享平台的安全性不仅关系企业的商业秘密和客户信息的保护，还影响到企业的财务管理和决策的准确性和可信度。因此，加强共享平台的安全性建设，防范各种安全风险，是会计信息化面临的重要挑战。

会计信息化共享平台的安全性问题主要包括以下几个方面：数据传输和存储过程中的加密保护措施不足，数据在传输和存储过程中容易受到黑客攻击和窃取；平台的访问控制和权限管理不严格，内部人员和外部人员的权限划分不清，容易导致数据的泄露和滥用；平台的安全监控和应急响应机制不完善，无法及时

发现和处理安全事件，造成数据的损失和破坏。为了提高共享平台的安全性，企业需要采取一系列措施，包括加强数据加密和保护技术，完善访问控制和权限管理机制，建立健全的安全监控和应急响应体系，定期进行安全检查和风险评估，提高整体的安全防护水平。

四、大数据背景下会计信息化风险控制的战略

（一）加快会计信息化资源共享平台的自主建设

会计信息化资源共享平台的自主建设是应对大数据环境下风险控制的关键策略之一。自主建设共享平台不仅能够确保数据的完整性和安全性，还能提高系统的灵活性和适应性。在自主建设过程中，企业需要注重平台的可扩展性和兼容性，确保平台能够处理海量数据并与现有系统无缝对接。通过自主建设，企业可以更好地掌控数据管理的各个环节，从而降低因依赖第三方平台而可能带来的安全风险。

为了加快自主建设的进程，企业应投入充足的资源和技术力量，组建专业的开发和维护团队。团队需要具备丰富的大数据处理经验和先进的技术能力，能够根据企业的具体需求设计和实现高效的共享平台。同时，应积极引入最新的大数据技术和工具，提高平台的处理能力和分析效率，确保平台在应对复杂数据处理任务时能够高效运行，通过企业应定期对平台进行更新和优化，及时解决运行中出现的问题和不足，不断提升平台的性能和稳定性。

（二）积极构建会计信息化的网络防火墙

在大数据环境下，网络安全成为会计信息化面临的重要挑战。构建强大的网络防火墙是保障会计信息系统安全运行的有效措施。网络防火墙可以有效防范外部攻击，保护内部网络和数据的安全。企业在构建网络防火墙时，应采用多层次、多维度的安全防护策略，确保系统的全方位保护。

为了提高云计算应用的安全性，可以从以下途径加强。

1. 加强身份认证和安全管理

身份认证和安全管理是保障数据安全的第一道防线，企业应采用先进的身份

认证技术，如双因素认证、生物识别等，确保只有授权用户才能访问会计信息系统。通过严格的身份认证，防止未经授权的访问和操作，保护系统和数据的安全。通过应建立完善的安全管理制度，规范用户的操作行为和权限分配，确保每个用户的权限与其职责相匹配，防止因权限滥用而导致的数据泄露和安全事故。

2. 加强数据的加密工作

数据加密是保护敏感数据的重要手段，企业应对会计信息系统中的关键数据进行全面加密，包括数据传输过程中的加密和存储过程中的加密。通过使用先进的加密算法和技术，确保数据在传输和存储过程中的安全，防止数据被截获、篡改和泄露。同时应定期更新和优化加密技术，提升加密强度和安全性，确保数据加密的有效性和可靠性。

3. 加强数据备份工作

数据备份是防止数据丢失和恢复数据的重要措施，企业应建立健全的数据备份机制，定期对会计信息系统中的重要数据进行备份。数据备份应包括本地备份和异地备份，确保在发生系统故障、数据损坏或自然灾害等突发事件时，能够及时恢复数据，保证业务的连续性和稳定性。通过定期进行数据恢复演练，确保备份数据的可用性和恢复流程的有效性，提高数据备份工作的可靠性和应急响应能力。

第三节　物联网环境下的会计信息化发展

一、物联网与会计信息化认知

（一）物联网的内涵

1. 物联网的概念

物联网（Internet of Things，IoT）是指通过信息传感设备，如射频识别 RFID、红外感应器、全球定位系统、激光扫描仪等，按照约定的协议，把任何物品与互联网连接起来，进行信息交换和通信，以实现智能化识别、定位、跟踪、监控和管理的一种网络。物联网通过广泛部署的传感器和通信网络，将物理世界中的各种设备、物品与互联网连接，实现数据的实时采集、传输和处理，推动信息技术的进一步发展和应用。

2. 物联网的特征表现

物联网相较于传统的计算机技术和互联网技术，具备以下几个独有的特征。

（1）物联网实现了"物"与网络的互联

物联网通过传感器、通信设备等技术手段，将物理世界中的各种物品与互联网连接，形成了一个覆盖广泛的网络系统。这种互联不仅包括计算机、手机等传统的联网设备，还扩展到家电、汽车、工业设备等各种物品，极大地拓展了互联网的应用范围。物联网的这一特征，使得任何物品都可以成为数据采集和信息传输的节点，为会计信息化提供了更加丰富的数据来源和应用场景。

（2）实现信息源数据与物质实体的直接关联

物联网通过传感器和通信技术，实现了信息源数据与物质实体的直接关联。传感器可以实时采集物品的状态数据，如温度、湿度、位置、运行状态等，并通过网络将这些数据传输到信息系统中。这种直接关联，使得数据的采集更加准确和全面，为会计信息化提供了高质量的基础数据支持。物联网的这一特征，使得会计信息系统能够实时监控和管理物品的状态，提高了数据的及时性和准确性，提升了会计信息化的整体水平。

（3）实现了实时化的信息处理系统

物联网通过实时数据采集和传输技术，实现了信息处理的实时化。物联网系统可以实时采集物品的状态数据，并通过高速网络传输到数据处理中心，进行实时分析和处理。这种实时化的信息处理，使得会计信息系统能够快速响应和处理业务变化，提高了数据处理的效率和准确性。实时化的信息处理系统，使得会计信息系统能够及时发现和处理异常情况，防范风险，提高了企业的管理和决策水平。

3. 物联网的体系架构

物联网的体系架构通常分为三个层次，即感知层、网络层和应用层。每个层次在物联网系统中都有其独特的功能和作用，共同构成了一个完整的物联网系统。

(1) 感知层

感知层是物联网的基础层，负责通过各种传感设备采集物理世界的数据。感知层的核心组成部分包括射频识别（RFID）标签、传感器、摄像头和其他数据采集设备。这些设备能够感知和记录物体的状态、环境信息以及其他相关数据，并将这些数据转化为数字信号传输到网络层。感知层是物联网系统中最接近物理世界的部分，其主要功能是将物理世界中的信息数字化，为上层的数据处理和应用提供基础数据支持。

感知层可以用于实时监控和记录企业的物资和资产状况，例如通过在库存物品上安装 RFID 标签，可以实现对库存的实时跟踪和管理，确保库存信息的准确性和及时性。传感器可以用于监控生产设备的运行状态和环境条件，及时发现和处理异常情况，减少生产过程中的风险和损失。

(2) 网络层

网络层是物联网系统的数据传输通道，主要负责将感知层采集到的数据传输到应用层。网络层的组成部分包括各种有线和无线通信网络，如互联网、移动通信网络、局域网和其他数据传输网络。网络层通过这些通信网络实现数据的传输和交换，确保数据能够快速、可靠地传输到应用层进行处理和分析。网络层是物联网系统中的中间层，起到连接感知层和应用层的桥梁作用。

网络层确保了各类财务数据和业务数据能够在不同部门和系统之间高效传输和共享，通过稳定和高速的数据传输网络，企业可以实现财务信息的实时更新和同步，确保管理层和相关人员能够及时获取最新的财务数据，做出准确和及时的决策。网络层的可靠性和安全性对于会计信息化系统的整体运行至关重要，需要确保数据传输过程中的完整性和保密性。

(3) 应用层

应用层是物联网系统的最顶层，主要负责对传输过来的数据进行处理和分析，提供各种应用服务。应用层的组成部分包括数据处理平台、应用软件和用户接口，通过对数据的深入分析和处理，实现智能化的决策支持和管理。应用层是物联网系统中最接近用户的部分，直接为用户提供各种智能化的服务和应用。

应用层可以提供财务数据分析、成本控制、预算编制和绩效评估等多种功能，通过先进的数据分析技术，应用层能够对大量的财务数据进行深度挖掘，发现隐藏在数据中的规律和趋势，为企业的财务管理和战略决策提供科学依据。应用层还可以通过可视化工具，将复杂的财务数据以图表和报表的形式呈现出来，帮助管理层更直观地理解和利用数据。

（二）物联网与互联网的关系辨析

1. 物联网与互联网之间的联系

物联网与互联网之间存在紧密的联系，两者共同构成了现代信息技术的核心基础。物联网通过各种传感设备和通信技术将物理对象连接到网络中，实现物体间的信息交换和通信。互联网则提供了全球范围内的数据传输和共享平台，使得物联网设备能够通过互联网进行互联互通。物联网依赖互联网的基础设施，通过互联网的连接和数据传输能力，实现了物与物之间的高效通信和数据共享。互联网为物联网提供了必要的通信和计算资源，使得物联网能够在广泛的应用场景中得到实现。

互联网的云计算和大数据技术为物联网提供了强大的数据处理和存储能力。物联网采集到的海量数据通过互联网传输到云端进行存储和分析，云计算平台能够对这些数据进行实时处理和深度挖掘，提供智能化的分析和决策支持。互联网和物联网的结合，使得数据的采集、传输、存储和分析形成了一个完整的闭环系统，推动了信息技术的发展和应用的深化。

2. 物联网与互联网之间的区别

尽管物联网与互联网在很多方面存在联系，但两者在本质上有着显著的区别。互联网主要关注的是人与人之间的信息交流和资源共享，通过计算机、智能手机等设备连接全球用户，实现信息的传输和交流。物联网则侧重于物与物之间的通信和控制，通过各种传感器和设备，将物理世界中的物体连接起来，实现自动化的感知、识别和管理。

互联网的核心功能是提供一个平台，让用户能够访问和共享各种信息资源，包括电子邮件、社交媒体、搜索引擎等，主要服务于人类的交流和信息获取。相较之下，物联网的核心功能是通过传感器和设备实时获取物理世界中的数据，并进行智能化的处理和决策。物联网应用包括智能家居、智慧城市、工业自动化等，主要服务于物理对象的管理和控制。因此，物联网与互联网在应用场景、服务对象和核心功能方面存在明显的区别。

（三）物联网对会计信息化的影响

1. 物联网影响外部会计环境

物联网技术的应用对外部会计环境产生了深远的影响。物联网通过实时采集和传输数据，提高了企业与外部环境的互动效率，使得财务数据更加准确和及时。企业可以通过物联网技术实时获取市场动态、供应链状态和客户需求，从而更加准确地进行财务预测和预算编制。物联网还促进了财务信息的透明化和公开化，提高了企业的信用度和投资者的信任感。

在供应链管理中，物联网的应用使得企业能够实时监控原材料的采购、库存和物流情况，减少了库存积压和物料短缺的风险，提高了资金的利用效率，通过对客户需求和市场变化的实时监控，企业可以灵活调整生产和销售策略，降低经营风险，提升财务管理的科学性和有效性。物联网还推动了企业与合作伙伴之间的数据共享和协同管理，提高了整个产业链的运作效率和竞争力。

2. 物联网影响内部会计环境

物联网技术的引入对企业内部会计环境也带来了重要影响。物联网通过自动化和智能化的手段，提高了企业内部各职能部门之间的协调和配合，促进了组织结构的优化和管理效率的提升。

（1）推进组织结构扁平化

物联网技术的应用推动了企业组织结构的扁平化。传统的金字塔形组织结构在信息传递和决策过程中存在层级多、效率低的问题。物联网通过实时的数据采集和传输，缩短了信息传递的链条，提高了信息传递的速度和准确性。企业可以通过物联网技术实现对各部门和岗位的实时监控和管理，减少了中间管理层的层级，推动了组织结构的扁平化。

组织结构的扁平化使得决策链条更加简化，管理层能够更快地获取一线数据，做出及时而准确的决策。各部门之间的沟通和协作更加高效，减少了信息的失真和延误，提高了整体管理的效率和效果。企业可以更灵活地应对市场变化和经营环境的调整，提升了竞争力和应变能力。

（2）物联网促进内部各职能部门之间的协调

物联网通过提供实时的数据和信息共享平台，促进了企业内部各职能部门之间的协调和配合。传统的部门之间由于信息孤岛和沟通障碍，常常导致工作效率低下和管理成本增加。物联网技术的应用，通过数据的实时采集和共享，各职能部门可以更加紧密合作和配合，提高了整体运作的效率和效果。

物联网技术可以实现生产部门与财务部门之间的实时数据共享，生产部门可以根据财务数据调整生产计划，财务部门可以根据生产数据进行成本核算和预算编制。销售部门可以通过物联网技术实时获取库存和物流信息，及时调整销售策略和库存管理，减少库存积压和销售风险。物联网的应用使得各部门之间的信息流动更加顺畅，工作协调更加高效，推动了企业整体管理水平的提升。

三、物联网环境下的会计信息化建设

（一）解决了数据源问题

物联网技术在会计信息化中的应用有效解决了数据源问题，确保了数据的及时性和准确性。物联网通过各种传感设备，如 RFID 标签、传感器、摄像头等，实时采集企业运营过程中产生的大量数据。这些设备能够自动记录库存、生产、运输等各个环节的数据，减少了人为干预和误差，确保了数据的真实性和可靠性。

通过物联网技术，企业能够实时监控库存状况、生产进度和物流信息，实现对各类资产的精准管理。实时数据采集和传输使得企业财务部门可以及时获取最新的运营数据，进行准确的财务分析和决策支持。物联网提供的数据源不仅丰富了会计信息系统的数据基础，还提高了数据处理的效率和质量，为会计信息化的深入发展奠定了坚实基础。

（二）促进内部控制

物联网技术的应用在促进企业内部控制方面也发挥了重要作用。物联网通过实时监控和数据分析，提高了企业对各类业务活动的监控能力，增强了内部控制的有效性。各类传感设备和数据采集工具能够对企业的生产、库存、物流等各个环节进行全面监控，及时发现和处理异常情况，降低了风险和损失。

物联网技术还可以实现对企业内部各职能部门之间的协调和配合，通过数据共享平台，各部门可以实时获取所需的数据信息，提高了工作效率和决策的科学性。物联网的应用使得企业内部控制更加智能化和自动化，减少了人工操作和干预，降低了人为因素对内部控制的影响。物联网技术通过自动化的数据采集和分析，提高了内部控制的精度和实时性，为企业的风险管理和合规管理提供了有力支持。

（三）会计信息化建设的目标

1. 会计核算智能化目标

会计信息化建设的核心目标之一是实现会计核算的智能化。这一目标的实现需要从信息获取、信息处理和会计报告三个方面入手，全面提升会计核算的效率和准确性。

（1）信息获取智能化

信息获取智能化是会计核算智能化的基础。物联网技术的应用，使得会计信息系统能够通过各种传感设备和数据采集工具，自动获取企业运营过程中产生的各类数据。实时数据采集和传输确保了信息的及时性和准确性，减少了人工输入的错误和延迟，通过智能化的信息获取，企业可以实时掌握库存、生产、销售等环节的动态，为会计核算提供可靠的数据支持。信息获取智能化还能够实现对企业资产和物资的精准监控，确保财务数据的完整性和真实性。

（2）信息处理智能化

信息处理智能化是会计核算智能化的关键环节。在物联网环境下，会计信息系统可以利用大数据分析和人工智能技术，对采集到的海量数据进行自动处理和分析。智能化的信息处理不仅提高了数据处理的速度和效率，还能够从数据中提取出有价值的信息和规律，为企业的财务管理和决策提供科学依据。通过信息处理智能化，企业可以实现对成本、费用、收入等会计要素的精准核算，提升财务管理的精细化水平。

（3）会计报告智能化

会计报告智能化是会计核算智能化的最终目标。物联网和大数据技术的应用，使得会计信息系统能够自动生成各类财务报表和分析报告。智能化的会计报告不仅包括传统的财务报表，还可以根据企业的具体需求，生成各类定制化的分析报告和管理报表。会计报告智能化提高了报告的准确性和及时性，管理层可以实时获取最新的财务数据和分析结果，做出快速而科学的决策。智能化的会计报告还能够通过可视化工具，将复杂的财务数据以图表和报表的形式直观呈现，提升数据的可读性和利用效率。

2. 会计监督智能化目标

会计信息化建设的另一个重要目标是实现会计监督的智能化，通过智能化的手段，提高会计监督的效率和效果，确保企业财务活动的规范性和合规性。

(1) 实现"三流合一"

实现"三流合一"是会计监督智能化的核心目标之一。三流合一指的是信息流、资金流和物流的统一管理和监控。在物联网环境下，会计信息系统可以通过实时数据采集和传输，实现对信息流、资金流和物流的全面监控。通过智能化的手段，将这三者有机结合，企业可以全面掌握各类业务活动的动态，及时发现和处理异常情况。三流合一的实现不仅提高了会计监督的精确性，还能够防范各种财务风险，确保企业运营的安全和稳定。

(2) 增强内外部协同

增强内外部协同是会计监督智能化的另一个重要目标。物联网技术的应用，使得企业内部各职能部门之间可以实现实时的数据共享和协同工作。各部门可以通过智能化的会计信息系统，获取所需的财务数据和业务信息，进行高效协同和配合。内部协同的增强，不仅提高了工作效率，还能够提升管理的精细化水平。

外部协同方面，物联网技术使得企业与合作伙伴、监管机构和其他利益相关方之间的数据交换和协作更加便捷。企业可以通过智能化的会计信息系统，及时向外部利益相关方提供真实、准确的财务信息，增强透明度和信任度。外部协同的增强，有助于提升企业的市场竞争力和社会责任感，推动企业的可持续发展。

(四) 会计信息化建设的途径

1. 动态化控制

在物联网环境下，会计信息化建设的一个重要途径是实现动态化控制。动态化控制指的是通过实时数据采集和处理,动态监控和管理企业的各项业务活动和财务状况。物联网技术通过各种传感设备和数据采集工具,能够实时获取企业运营过程中的各种数据,如生产数据、库存数据、销售数据等。动态化控制使得企业可以及时发现和处理异常情况,确保业务活动的连续性和稳定性。通过动态化控制,企业能够实现对资金流、物流和信息流的实时监控,提高财务管理的精确性和有效性。财务部门可以根据实时数据进行动态预算调整、成本控制和资金调度,减少财务风险,提升资金利用效率。动态化控制还能够帮助企业实现对市场变化的快速响应,及时调整经营策略,提升市场竞争力。

2. 多维度核算

多维度核算是物联网环境下会计信息化建设的另一重要途径。传统会计核算主要关注财务数据的记录和报表编制,而在物联网环境下,企业需要进行更为全面和深入的多维度核算。多维度核算指的是从多个角度、多个层面对企业的财务数据和业务数据进行分析和处理,提供更加丰富和有价值的决策支持信息。

多维度核算包括对成本、收入、利润等会计要素的细化核算,以及对不同业务单元、产品线、市场区域等多个维度的分析。通过多维度核算,企业可以深入了解各个业务环节的运营状况和财务表现,识别盈利点和亏损点,优化资源配置和业务流程。多维度核算还可以帮助企业进行绩效评估和激励机制设计,提高员工的工作积极性和创造力。

在物联网环境下,多维度核算需要依托强大的数据处理和分析能力。企业可以利用大数据分析技术,对采集到的海量数据进行深入挖掘,发现隐藏在数据中的规律和趋势,为管理层提供科学的决策依据。多维度核算不仅提高了财务管理的精细化水平,还能够增强企业的战略规划能力,推动企业的可持续发展。

3. 场景式管理

场景式管理是物联网环境下会计信息化建设的创新途径之一。场景式管理指的是根据不同业务场景和实际需求,灵活调整会计信息系统的功能和应用,实现对业务活动的精准管理和控制。物联网技术的应用,使得企业可以实时获取和分析各类业务数据,灵活应对不同的业务场景和管理需求。

场景式管理强调以业务场景为导向,构建灵活、可定制的会计信息系统。企业可以根据具体的业务需求,设计和实现不同的管理场景,如生产管理、库存管理、销售管理等。每个管理场景都可以通过物联网技术，实现对相关数据的实时采集、传输和处理，提供精准地管理和控制。

在生产管理场景中，企业可以通过物联网技术实时监控生产设备的运行状态和生产进度，及时发现和处理生产中的异常情况，确保生产的连续性和稳定性。在库存管理场景中，企业可以通过物联网技术实时获取库存数据，进行动态库存管理和优化，减少库存积压和缺货风险。在销售管理场景中，企业可以通过物联网技术实时了解市场需求和销售动态，灵活调整销售策略和市场布局，提升销售业绩和客户满意度。

场景式管理的实现需要会计信息系统具备高度的灵活性和可定制性。企业可以通过模块化设计和配置，灵活调整系统的功能和应用，满足不同业务场景的需求。场景式管理不仅提高了会计信息系统的应用效果，还能够提升企业的管理效率和决策水平。

第四节 云计算环境下的会计信息化发展

一、云计算概述

（一）云计算的发展阶段

云计算技术自其诞生以来，经历了多个发展阶段，每个阶段都标志着技术和应用的显著进步。理解这些发展阶段，有助于更好地把握云计算在会计信息化中的应用前景和优势。

1. 萌芽阶段

云计算的萌芽阶段可以追溯到20世纪60年代，主要特征是计算机科学的基础研究和远程计算的初步探索。在这一阶段，计算资源的集中管理和共享利用开始受到关注。多用户系统和虚拟机技术的出现，为云计算的发展奠定了理论基础。虽然当时的技术还不够成熟，但远程计算和资源共享的理念已经初见端倪。

2. 起步阶段

进入 20 世纪 90 年代，互联网的快速发展推动了云计算技术的起步。随着网络带宽和计算能力的提升，分布式计算和网格计算逐渐发展，计算资源的远程访问和共享成为可能。这一阶段，企业和研究机构开始尝试通过网络提供计算服务，形成了早期的云计算服务模式。亚马逊等公司推出的云存储和云计算服务，标志着云计算从理论走向实践，开始为用户提供实际应用。

3. 发展阶段

21 世纪初，云计算技术进入快速发展阶段。虚拟化技术的成熟使得计算资源的动态分配和管理变得更加高效和灵活。云计算服务提供商纷纷推出基础设施即服务（IaaS）、平台即服务（PaaS）和软件即服务（SaaS）等多种云服务模式，满足不同用户的需求。数据中心的规模和性能不断提升，云计算服务的可靠性和安全性逐步提高，吸引了大量企业和机构采用云计算技术来优化业务流程和降低成本。

4. 普及阶段

近年来，云计算技术进入普及阶段，成为各行各业数字化转型的重要支撑。云计算的灵活性和可扩展性使其在大数据、人工智能、物联网等领域得到了广泛应用。企业通过云计算平台，实现了高效的数据存储、处理和分析，提升了决策的科学性和准确性。云计算的按需使用模式和弹性扩展能力，帮助企业降低了 IT 基础设施的建设和维护成本，提高了资源利用率。随着技术的不断成熟，云计算正逐步成为信息技术领域的主流解决方案。

（二）云计算的服务原理

云计算的服务原理基于通过互联网提供按需计算资源和服务，旨在提高资源利用效率和降低 IT 成本。这个服务原理涵盖了资源的虚拟化、分布式存储和弹性计算等多个核心技术和机制。

1. 虚拟化技术

虚拟化技术是云计算的基础，通过在物理硬件上创建多个虚拟机，实现资源的动态分配和隔离。每个虚拟机可以独立运行操作系统和应用程序，彼此之间互不干扰，充分利用物理资源。虚拟化技术不仅提高了硬件资源的利用率，还增强了系统的灵活性和可扩展性，使得云计算能够提供多样化的服务。

2. 分布式存储

分布式存储技术通过将数据分散存储在多个服务器节点上，提高了数据的可靠性和访问速度。数据在多个节点上的复制和冗余机制，确保了在部分节点发生故障时，数据仍然可以通过其他节点访问。分布式存储系统具有高可用性和高扩展性，能够满足大规模数据存储和管理的需求，是云计算提供海量数据存储服务的重要技术支撑。

3. 弹性计算

弹性计算是云计算服务的核心特点之一，指的是根据用户需求动态调整计算资源的分配和使用。用户可以根据实际业务需求，在高峰期增加计算资源，低谷期减少计算资源，避免了资源的浪费。弹性计算通过自动化的资源管理和调度，确保了计算资源的高效利用，降低了用户的 IT 成本，提高了系统的响应能力和灵活性。

4. 按需服务

云计算服务的按需服务模式，使得用户可以根据实际需求随时获取所需的计算资源和服务，而不需要预先购买和维护大量的硬件设备。用户可以通过自助服务门户，灵活选择和配置计算资源，按使用量付费。按需服务模式不仅降低了用户的初始投资成本，还提供了高度的灵活性和可扩展性，满足了不同业务场景的需求。

5. 多租户架构

多租户架构是云计算服务的重要特征，通过在同一物理资源上为多个用户提供隔离的虚拟环境，实现资源的共享和独立使用。每个租户在虚拟环境中运行自己的应用程序和数据，互不干扰。多租户架构提高了资源利用效率，降低了服务提供商的运营成本，同时为用户提供了安全可靠的隔离环境。

6. 自动化管理

自动化管理技术在云计算服务中起到了关键作用，通过自动化的资源配置、监控和维护，确保了系统的高效运行和稳定性。自动化管理工具能够实时监控系统的运行状态，及时发现和处理故障，动态调整资源配置，优化系统性能。自动化管理提高了运维效率，减少了人工干预，降低了运维成本。

(三) 云计算的部署分类

根据部署环境分类，云计算可以分为三种类型：公共云、私有云和混合云。每种类型在资源管理、安全性、灵活性等方面各有特点和适用场景。

1. 公共云

公共云由第三方云服务提供商运营，用户通过互联网访问和使用云计算资源和服务。公共云的主要优势在于其高弹性、低成本和按需使用模式。用户无需购买和维护昂贵的硬件设备，可以根据实际需求随时扩展或缩减计算资源，从而降低 IT 运营成本和资源浪费。公共云适用于中小企业和需要快速部署、弹性扩展的应用场景。然而，由于公共云资源与其他用户共享，可能存在数据安全和隐私保护方面的担忧，需要通过严格的安全措施和加密技术加以保障。

2. 私有云

私有云由企业自行建设和运营，所有云计算资源和服务都在企业内部管理。私有云提供了高度的安全性和控制力，企业可以根据自身需求定制和优化云计算环境，确保数据的安全和合规性。私有云适用于对数据安全和隐私要求较高的企业，如金融机构、政府部门和大型企业。尽管私有云在安全性和控制力方面具有优势，但其建设和维护成本较高，需要投入大量的硬件、软件和人力资源。因此，私有云更适合有充足资源和专业技术团队的企业。

3. 混合云

混合云结合了公共云和私有云的优势，通过在公共云和私有云之间实现数据和应用的无缝流动，提供了更大的灵活性和可扩展性。企业可以将敏感数据和关键应用部署在私有云中，确保数据的安全性和合规性，而将非敏感数据和一般应用部署在公共云中，享受公共云的弹性和低成本。混合云适用于需要在安全性和成本之间找到平衡的企业，特别是在应对突发需求或进行数据备份和灾难恢复时，混合云能够提供灵活的解决方案。混合云的实现需要良好的云管理平台和数据集成工具，以确保不同云环境之间的数据一致性和应用的高效运行。

二、云计算环境下会计信息化建设模式对比

（一）基于云计算的会计信息化建设模式

云计算环境下的会计信息化建设模式主要包括三种：软件即服务（SaaS）、平台即服务（PaaS）和基础设施即服务（IaaS）。这些模式分别提供不同层次的服务，满足不同企业的需求。

1. 软件即服务（SaaS）

软件即服务模式是一种基于云计算的服务模式，通过互联网向用户提供应用软件。企业无需自行安装和维护软件，只需通过网络访问供应商提供的软件服务。SaaS 模式下，会计软件作为服务的一部分，用户可以按需使用，按使用量付费，享受供应商提供的自动更新和维护服务。

SaaS 模式的优势在于其便捷性和成本效益。企业无需投资大量的硬件和软件基础设施，也无需专门的 IT 团队进行软件的安装和维护，减少了初始投资和运营成本。SaaS 模式还提供了高可用性和可扩展性，用户可以随时随地访问软件，满足灵活的业务需求。

SaaS 模式适用于中小企业和初创企业，这些企业通常资源有限，无法投入大量资金和人力进行信息化建设，通过采用 SaaS 模式，这些企业可以快速部署会计信息系统，实现财务管理的自动化和信息化，提高工作效率和数据准确性。

2. 平台即服务（PaaS）

平台即服务模式是一种提供开发平台的云计算服务模式，用户可以在平台上开发、运行和管理应用程序。PaaS 模式提供了开发工具、数据库、操作系统等基础设施，用户可以在平台上进行定制化开发，无需关心底层硬件和软件环境的管理和维护。

PaaS 模式的优势在于其高效性和灵活性。开发人员可以利用平台提供的各种工具和服务，加快开发速度，提升开发效率。PaaS 模式还提供了高可用性和可扩展性，用户可以根据需求动态调整资源配置，满足不同应用的需求。

PaaS 模式适用于需要进行定制化开发的企业。这些企业可能有特定的业务需求，现有的会计软件无法完全满足，通过采用 PaaS 模式，企业可以在平台上

开发定制化的会计应用，满足特定的业务需求和管理要求。PaaS 模式还适用于大型企业和集团公司，这些企业通常需要复杂的会计信息系统，PaaS 平台可以提供强大的开发和管理支持。

3. 基础设施即服务（IaaS）

基础设施即服务模式是一种提供基础计算资源的云计算服务模式，用户可以通过网络访问和使用虚拟化的计算资源，包括服务器、存储、网络等。IaaS 模式下，用户可以自行安装和管理操作系统、数据库和应用软件，灵活配置和使用计算资源。

IaaS 模式的优势在于其灵活性和控制力。用户可以根据实际需求动态调整资源配置，快速响应业务变化。IaaS 模式还提供了高可用性和可靠性，用户可以通过多重备份和冗余措施，确保数据的安全性和系统的稳定性。

IaaS 模式适用于需要高度定制化和控制力的企业。这些企业通常有复杂的业务需求和严格的安全要求，需要自行管理和控制整个计算环境，通过采用 IaaS 模式，企业可以灵活配置和使用计算资源，满足复杂的会计信息化需求。IaaS 模式还适用于有大型数据处理需求的企业，通过云计算提供的高性能计算资源，提高数据处理和分析的效率。

（二）选择云计算架构服务的关键点

1. 选择合适的云服务提供商

选择合适的云服务提供商是云计算环境下会计信息化建设的首要关键点。企业需要根据自身需求，评估不同云服务提供商的技术实力、服务水平和安全保障。考虑到会计信息的敏感性和重要性，提供商的安全措施和合规性是重要考量因素。除了技术层面的考察，还需关注服务提供商的市场口碑和用户评价，确保选择的云服务提供商能够提供稳定、可靠和高效的服务。

2. 签订服务级别协议

服务级别协议（SLA）是确保云服务质量的重要法律文件，在选择云计算架构服务时必须重视。SLA 应详细规定服务提供商的服务标准、响应时间、故障处理机制和赔偿措施等内容，明确双方的权利和义务，通过签订 SLA，企业可以确保在出现服务中断或性能下降时获得及时有效的支持和赔偿。制定明确的 SLA 条款，有助于规范服务提供商的行为，保障企业的利益和数据安全。

3. 客户个性化定制及培训

云计算环境下会计信息化的建设需要充分考虑客户的个性化需求，并提供相应的定制服务和培训支持。每个企业的业务流程和管理需求各不相同，标准化的云服务可能无法完全满足其要求。因此，云服务提供商应提供个性化的定制服务，根据客户的具体需求进行系统配置和功能调整，通过提供专业的培训服务，帮助客户熟练掌握系统的使用方法和最佳实践，确保会计信息化系统的有效应用和充分发挥其功能。

4. 结合实际拓展完善

会计信息化建设是一个持续发展的过程，需要结合企业的实际情况不断进行拓展和完善。在选择云计算架构服务时，企业应考虑系统的可扩展性和灵活性，以便在业务发展和需求变化时能够及时调整和升级。云服务提供商应提供灵活的扩展方案，支持企业在业务规模扩大或业务模式变更时进行系统的升级和功能扩展，通过企业应定期评估会计信息化系统的运行效果，发现和解决存在的问题，持续优化系统功能和性能，提升管理水平和决策能力。

5. 售后服务

优质的售后服务是保障云计算环境下会计信息化系统长期稳定运行的重要保障。企业在选择云服务提供商时，应重视其售后服务能力和响应速度。良好的售后服务应包括全天候技术支持、快速响应机制和定期维护服务等内容，通过提供专业、高效的售后服务，云服务提供商可以及时解决客户在使用过程中遇到的问题，确保系统的稳定性和可靠性。售后服务还应包括系统的更新和升级服务，确保企业始终使用最新的技术和功能，提升会计信息化系统的整体效能。

参考文献

[1] 吴灵辉. 财务管理 [M]. 秦皇岛：燕山大学出版社，2023.02.

[2] 许东，张颖，李爱武. 财务管理与风险控制 [M]. 哈尔滨：东北林业大学出版社，2023.04.

[3] 贾丽. 财务共享及智能财务理论与发展研究 [M]. 北京：中国商业出版社，2023.04.

[4] 吴海祺，杨绪梅，蔡燕. 财务管理与会计信息化创新研究 [M]. 长春：吉林人民出版社，2023.02.

[5] 关兴鹏，李娜，周晶石. 新经济时代财务管理与创新发展 [M]. 北京：中国商务出版社，2023.05.

[6] 安玉琴，孙秀杰，宋丽萍. 财务管理模式与会计审计工作实践 [M]. 北京：中国纺织出版社，2023.03.

[7] 徐静. 大数据财务管理的理念与模式研究 [M]. 哈尔滨：哈尔滨出版社，2023.01.

[8] 刘秀霞，李敏，窦素花. 经济管理与会计实践创新研究 [M]. 哈尔滨：哈尔滨出版社，2023.01.

[9] 乔庆敏，张俊娟. 大数据时代财务会计理论与实践发展研究 [M]. 哈尔滨：哈尔滨出版社，2023.01.

[10] 程美英. 财务会计管理模式研究 [M]. 北京：北京工业大学出版社，2023.04.

[11] 赵丽，陈熙婷. 智能时代的财务管理及其信息化建设 [M]. 汕头：汕头大

学出版社，2023.05.

[12] 窦巧梅. 大数据背景下的财务分析与管理研究［M］. 北京：中国商务出版社，2023.01.

[13] 吴金梅，秦静，马维宏. 经济管理与会计实践创新研究［M］. 延吉：延边大学出版社，2022.07.

[14] 万洁. 大数据时代财务会计的实践发展研究［M］. 北京：中国原子能出版社，2022.

[15] 张艳萍，夏维朝，刘津杉. 会计学原理与实务第5版［M］. 厦门：厦门大学出版社，2022.09.

[16] 龙敏，黄叙. 财务管理［M］. 成都：四川大学出版社，2022.01.

[17] 郭亿方，宁丽鹏，杨志欣. 财务会计与管理研究［M］. 延吉：延边大学出版社，2022.03.

[18] 俞雪华，王雪珍，滕青. 财务管理学［M］. 上海：复旦大学出版社，2022.09.

[19] 王迁邵，晋保红. 财务管理与会计实践探索［M］. 长春：吉林人民出版社，2022.05.

[20] 唐莉，臧黎霞，孙雪梅. 财务共享构建与管理实践［M］. 长春：吉林人民出版社，2022.07.

[21] 邢菁. 互联网+时代财务会计的实践与创新研究［M］. 北京：中国商业出版社，2021.10.

[22] 高明华. 战略管理会计理论与应用实践研究［M］. 北京：中国纺织出版社，2021.11.

[23] 金玉洲，刘宏伟，高一源. 智能化财务管理与会计理论实践［M］. 北京：中国商业出版社，2021.

[24] 邹娅玲，肖梅崚. 财务管理［M］. 重庆：重庆大学出版社，2021.01.

[25] 刘娜, 宋艳华. 财务管理 [M]. 北京：北京理工大学出版社, 2021.09.

[26] 张书玲, 肖顺松, 冯燕梁. 现代财务管理与审计 [M]. 天津：天津科学技术出版社, 2021.04.

[27] 赵文妍, 曹丽. 财务管理与理论研究 [M]. 哈尔滨：黑龙江科学技术出版社, 2021.01.

[28] 刘福同, 邹建军, 洪康隆. 财务管理与风险控制 [M]. 北京：中国商业出版社, 2021.07.

[29] 李晓林, 李莎莎, 梁盈. 财务管理实务 [M]. 武汉：华中科技大学出版社, 2021.09.

[30] 郭涛, 王潮. 财务管理第3版 [M]. 北京：机械工业出版社, 2021.01.

[31] 周玉琼, 肖何, 周明辉. 财务管理与金融创新 [M]. 北京：中国财富出版社, 2021.12.

[32] 赵磊, 杨秋歌, 杨晓征. 财务会计管理研究 [M]. 长春：吉林出版集团股份有限公司, 2021.11.

[33] 朱学义, 朱林, 黄燕. 财务管理学 [M]. 北京：北京理工大学出版社, 2021.01.

[34] 阮晓菲, 王宏刚, 秦娇. 财务管理模式与会计实务 [M]. 吉林人民出版社, 2021.09.

[35] 郝翠香, 文娟娟, 曾珍. 财务管理 [M]. 长春：吉林人民出版社, 2020.11.

[36] 费琳琪, 郭红秋. 财务管理实务 [M]. 北京：北京理工大学出版社, 2020.07.

[37] 胡云慧, 史彬芳, 王浩. 财务会计与审计管理 [M]. 长春：吉林科学技术出版社, 2020.09.

[38] 王玉梅, 曾瑶. 财务管理学 [M]. 北京：北京邮电大学出版社, 2020.12.

[39] 王鲁泉. 财务管理与金融创新研究 [M]. 吉林出版集团股份有限公司, 2020.06.

[40] 刘建华, 安海峰, 王雪艳. 财务管理与成本控制研究 [M]. 长春: 吉林大学出版社, 2020.05.

[41] 王盛. 财务管理信息化研究 [M]. 长春: 吉林大学出版社, 2020.10.